HERMÈS GARANGER

Lama à 19 ans… Et après ?

de la méditation à la télévision

préface de Véronique Jannot

éditions Claire Lumière

ISBN 978-2-35454-044-9

Sommaire

Préface

Comment une toute jeune fille, à l'âge où la spiritualité est plutôt loin des préoccupations, choisit de faire une retraite de trois ans qui doit la conduire à devenir Lama, alors que la plupart de ses amis suivent la route normale qui les amènera au bac.

Certes, le parcours d'Hermès est pour le moins atypique. Grandir dans un monastère au contact des plus grands maîtres du bouddhisme tibétain n'est pas banal et le parcours spirituel de ses parents est pour beaucoup dans son inspiration.

Un choix spontané et incroyablement déterminé. Un besoin viscéral de comprendre le pourquoi de l'existence humaine, de donner un sens à sa vie.

À quinze ans, elle choisit l'éloignement, l'enfermement, la discipline, où elle apprendra à méditer à heures fixes quatorze heures par jour. Les milliers de prosternations vont blesser son corps mais n'entameront pas sa volonté. Elle forgera son indépendance, obligée d'assurer son quotidien, bien qu'aidée parfois par les femmes plus âgées qui font cette retraite en même temps qu'elle.

À travers ses mots, on suit l'évolution de cette toute jeune fille qui transcende jour après jour les difficultés, fermement décidée à comprendre ce qu'elle avait entendu de la bouche des maîtres bouddhistes qu'elle côtoyait : apprendre à être heureuse, en toutes circonstances, quelles que soient les expériences que lui réservera la vie. Ce n'est pas un mince programme.

La méditation développe chez elle un ressenti très fort de tout ce qui l'entoure et un état d'esprit positif. La concentration qu'elle acquiert lui permet d'identifier les choses pour ce qu'elles sont et de garder la présence à soi. L'amour altruiste, la clarté de jugement, la stabilité de l'esprit, l'équilibre émotionnel, la bienveillance et la compassion. C'est ce qu'elle a compris et développé durant ces trois ans, trois mois et trois jours qu'a duré sa retraite, où de cet apparent enfermement est née sa vraie liberté.

Le « challenge » suivant allait être d'intégrer théorie et pratique ; mais son enseignement allait-il être assez fort face à la réalité du monde ?

Elle choisit de partir en Inde où elle s'occupe d'enfants défavorisés ou orphelins dans un monastère. Elle se sent utile, comprise et aimée.

Puis elle revient en Occident. De petits boulots en petits boulots, en passant par la figuration dans des films, elle est souvent amenée, comme elle le dit avec humour, à mettre « l'étiquette de Lama » au placard. Sa force de caractère et sa faculté d'adaptation font qu'elle s'intègre parfaitement sur les plateaux de télé et se sent partout comme un poisson dans l'eau. Son état d'esprit lui ouvre le champ de tous les possibles et encourage sa créativité.

À l'inverse de la plupart des gens, ce petit bout de femme préfère les CDD aux CDI. Fidèle à elle-même, « elle préfère être libre dans l'insécurité que ficelée dans la sécurité ». La peur ne fait pas partie de son programme mental et la crainte de l'inconnu est remplacée par l'envie de tester sa capacité à s'adapter. C'est ainsi qu'elle monte sa propre boîte de production.

Pourtant, la vie ne l'épargne pas. Bien d'autres, à sa place, auraient pensé être maudites ou victimes. Mais pour elle, tout semble être vécu comme une mise à l'épreuve qu'elle doit transcender. Le terrible accident de son compagnon, père de sa fille, sur un plateau de télévision, l'amène à faire un choix difficile et capital pour elle et sa fille, qui remet à nouveau sa vie en équilibre instable. Elle choisit d'ignorer les pronostics négatifs du corps médical et décide de se battre. Avec cette incroyable détermination qui lui est propre, toujours guidée par cette force intérieure. Elle conclura que « les moments difficiles nous montrent à quel point on peut être fort face à la souffrance et à l'adversité, et que la détermination peut l'emporter face à certains avis médicaux ». Ce n'est certes pas moi qui la contredirai.

Lama à 19 ans… Et après ? Ce parcours si étonnant, est une véritable leçon de vie. Hermès Garanger écrit avec son cœur, sans prétention, en toute simplicité, avec profondeur et détachement. Avec humour. Sa façon de nous parler de tout ce que la méditation lui a apporté donne tout simplement… l'envie d'essayer.

Merci, Hermès, d'avoir écrit ce livre. Je l'ai dévoré et je suis sûre qu'il fera du bien à beaucoup de monde.

Véronique Jannot

À ma fille, Jade.

Avant-propos

Écrire, décrire, ressentir, parcourir, me découvrir, aimer, raconter, partager et me dévoiler, avec authenticité mais surtout en toute liberté, telle est mon intention lorsque je commence à remplir les premières pages de mon carnet, en ce mois de janvier 2018. Voilà trente ans que ce récit me trotte dans la tête sans que l'ombre d'un mot ne se soit posée sur une feuille blanche et pourtant, depuis si longtemps, j'ai cette envie folle de partager cette adolescence hors du commun, que jamais je n'aurais vécue sans le consentement de mes parents.

À 15 ans et demi, je leur demande d'arrêter mes études pour partir en retraite et méditer 14 heures par jour pendant trois ans.

Le 10 novembre 1988, je deviens alors la plus jeune femme occidentale au monde à tenter l'expérience, ce qui me donnerait, trois ans plus tard et le jour de mes 19 ans, le titre de Lama.

J'étais si jeune et pourtant incroyablement déterminée. Mais quel serait l'impact de ces 16 600 heures de pratiques de la méditation sur ma vie ?

Retracer les années qui furent les plus inspirantes et les plus marquantes de mon histoire, celles qui ont accompagné mon adolescence, exigeait une introspection si personnelle à travers mes souvenirs les plus intimes, que je reportais sans cesse ce projet à plus tard.

Il se murmure d'ailleurs que je suis extrêmement réservée quand il s'agit d'exprimer mes sentiments, de parler de mes émotions, de mes envies ou de mes craintes, d'évoquer mes doutes et mes peurs. Une pudeur telle, que depuis mes 15 ans je ne me souviens plus avoir dit « je t'aime » à mes parents. Et pourtant, s'ils savaient ! Pour cette unique raison, j'aurais aimé rester enfant afin de pouvoir le leur répéter sans rougir !

Encouragée par la curiosité et l'enthousiasme de ma fille, Jade, je décide enfin de m'accorder cette parenthèse écrite, comme si je lui racontais une histoire, l'histoire d'une petite fille qui vit le jour en Écosse, au mois de janvier 1973, dans l'un des premiers monastères bouddhistes tibétains fondés en Occident.

Les vingt premières années de ma vie

1 - Mon enfance bercée entre l'Orient et l'Occident

À la fin du mois de juin 1971, mes parents décident de partir à la rencontre des tout premiers Lamas tibétains qui viennent de s'installer près de Dumfries, dans le sud de l'Écosse. Un simple article, découvert quelques mois plus tôt dans une revue ésotérique, les avait inspirés à faire le voyage pour une durée de huit semaines, mais leur séjour se prolongea finalement sur deux années.

C'est là que je vis le jour, le 19 janvier 1973, alors que mes parents étaient logés dans une caravane au confort sommaire, parquée dans le grand jardin du monastère de Samye Ling.

Les moins 20 degrés ne les empêchèrent pas de me donner un prénom exotique tout droit venu de Grèce… « Hermès », le messager des dieux! Ce prénom assez atypique et plutôt masculin m'a valu bien des questions à l'école… : « Hermès, comme les sacs? Comme le parfum? Comme la marque? » Mais j'ai toujours aimé répondre d'un ton assuré: « Hermès, comme la messagère des Lamas tibétains! » Cette explication engendre généralement bien d'autres questions de la part de mes interlocuteurs qui s'attendent à tout sauf à cette réponse! Jamais je n'aurais imaginé qu'un simple prénom puisse susciter autant de curiosité.

Quelques mois après ma naissance, mes parents rentrèrent en France et parcoururent différentes régions avec une idée bien précise en tête, celle de trouver un terrain pour y fonder à leur tour un monastère bouddhiste. Ils venaient tout juste de poser leurs valises à Épinac, en Saône-et-Loire, lorsqu'ils tombèrent sur une petite affiche qui informait de la vente d'un domaine entre Autun et Montceau-les-Mines. Quelques jours plus tard, mon père se retrouvait chez maître Champliau, le notaire du village, face à trois autres candidats fort intéressés par le même bien, mais dont les intentions d'exploitation du domaine étaient bien loin de celle de mes parents. Après avoir cédé un peu de terrain aux trois concurrents satisfaits, mon père effectua cet achat à la bougie. La règle était simple : celui qui annonce le dernier prix avant que la flamme ne s'éteigne l'emporte. Mes parents avaient certes gagné l'enchère en ce 14 janvier 1974, mais le notaire ne leur accorda qu'un délai de quelques mois pour trouver la somme nécessaire à l'acquisition.

Ils firent donc le tour de plus de cinquante artistes parisiens, qui, séduits par le projet original de fonder un centre pour aider les Lamas tibétains en exil à s'installer, leur donnèrent des dizaines de tableaux, photographies, lithographies et peintures.

Le tout fut ensuite déposé au Crédit Municipal de Lyon, puis vendu, ce qui permit de finaliser l'achat. Ainsi, mes parents, Chriss et Didier, devinrent officiellement les jeunes propriétaires de ce château du début du XXe siècle, situé au milieu d'un terrain de six hectares, dans le but d'y établir le premier centre bouddhiste tibétain en France.

C'est là que je passai les vingt premières années de ma vie. Mon enfance fut bercée par les chants tibétains des Lamas du monastère qui se mêlaient aux moteurs frémissants des tracteurs des paysans voisins. Le champ de maïs fit place à un magnifique temple himalayen aux couleurs flamboyantes, construit juste devant la fenêtre de ma chambre. Mes parents avaient offert ce centre à l'un de leurs maîtres tibétains rencontré en Écosse et nous y vivions, mon petit frère et moi, avec notre mère.

La journée à l'école du village, le soir au monastère… Cette enfance riche et remplie de contrastes fut l'une des périodes les plus belles et douces de ma vie.

Je n'ai jamais vraiment réussi à passer inaperçue à l'école et certains de mes petits camarades se sont parfois montrés agressifs du fait que je sois bouddhiste. Les enfants ne sont pas toujours tendres entre eux, mais je pense que je suis née avec un sens inné de la repartie, livré en kit dans mon berceau écossais. Lorsque dans la cour de l'école primaire, les garçons me traitaient de « bouddhiste boudin » et de « sale bougnoule », je leur répondais du haut de mes sept ans « espèce de chrétiens crétins » !

Un après-midi de printemps, en première année de maternelle, alors que la classe se retrouve plongée dans l'obscurité pour regarder un film sur les renards et les fennecs, ma petite camarade de classe, Béatrice, qui fait deux fois ma taille et trois fois mon poids, se jette sur mon bras nu et me mord jusqu'au sang. Voyant le fennec se jeter sur sa proie, quelle idée avait bien pu lui passer par la tête pour en faire autant avec mon petit bras frêle mais toujours bronzé et certainement appétissant à ses yeux ? Sous l'effet de la surprise, je pousse un petit cri ! La maîtresse arrête le film, allume la lumière, se précipite sur mon bras en sang et me dit : « Hermès, mords Béatrice au sang, comme elle te l'a fait ! » Dans ma tête de petite fille, je dévisage ce bras qui m'est présenté et hoche la tête pour décliner cette proposition si peu alléchante voire dégoûtante ! Alors, d'un élan enthousiaste, la maîtresse attrape de ses deux mains le bras bien dodu de la pauvre Béatrice et la mord jusqu'au sang pour me venger ! À cette époque-là, je ne connaissais pas les sentiments de vengeance et de rancune, mais j'ai été stupéfaite qu'un adulte puisse me venger de la sorte.

Chaque jour, je redoutais un peu plus l'heure de la cantine car je refusais de manger la viande que l'on me servait le midi, tout simplement par amour pour les animaux. Une passion qui ne me quittera jamais.

Maintenant qu'il y a prescription, je peux avouer une chose que je faisais, petite. Une fois la nuit tombée, je prenais mon vélo pour me rendre à la ferme voisine, chez Simone, et j'y ouvrais toutes les cages des lapins pour leur offrir la liberté. Simone, de là où vous êtes, ne m'en voulez pas !

Bref, la technique que j'avais mise en place à la cantine était rodée, toujours la même, avec une précision et une rapidité incroyables ! Lorsque j'étais servie en viande, je guettais les moindres faits et gestes de la maîtresse et de la cantinière. Puis, dès qu'elles s'installaient dans l'arrière-cuisine, je déroulais et étendais délicatement ma serviette sur mes cuisses… Tout en mangeant l'accompagnement de mon plat, je rapprochais doucement mon assiette du bord de la table et d'un coup de fourchette rapide, d'une dextérité inégalable, je poussais la viande hors de celle-ci afin de la faire tomber au centre du tissu à carreaux. Je sentais alors le contact de cette viande chaude que je m'empressais d'enrouler dans cette étoffe tachée…

Le mardi, en rentrant de la piscine, c'était jour de fête : jour de langue de bœuf ! Une fois la langue enveloppée dans ma serviette, je la glissais dans ma poche et pouvais la sentir chaude pendant tout le repas ! Pour une végétarienne, cette sensation n'était pas des plus agréables pour savourer le dessert, tant attendu par les enfants en général, mais que je ne prenais pas le temps d'apprécier. Ma stratégie ne s'arrêtait pas là. Une fois que la cloche retentissait, je me précipitais dans la cour pour me réfugier discrètement aux toilettes.

Il fallait se débarrasser au plus vite de cette langue encore tiède que j'imaginais vouloir me lécher la cuisse. Le seul moyen était de retourner ma serviette pour abandonner le morceau de viande rugueux dans les toilettes turques de la cour. Ce petit manège ne tint qu'un temps.

En cours d'année, je fus dénoncée par une petite camarade qui avait eu la bonne idée de passer après moi et qui était tombée nez à nez avec cette langue encore flottante, car la chasse d'eau ne fonctionnait que très rarement. Je me retrouvais alors les mains attachées derrière le dos dès le lendemain midi. On me forçait à manger ma viande en me bouchant le nez pour que j'ouvre la bouche... Cet épisode renforça ma volonté d'être végétarienne et ma détermination à le rester pour toujours.

« Déterminée », tel était l'adjectif qui me caractérisait déjà si jeune ! Ainsi, un après-midi d'hiver, ma mère, qui donnait des cours de yoga dans l'une des villes voisines, avait demandé à un résident du monastère de venir nous chercher, mon petit frère et moi, à la sortie de l'école. Après avoir attendu de longues minutes devant les grilles de l'établissement, nous ne vîmes toujours personne arriver. Je décidai alors de prendre mon petit frère d'à peine six ans par la main, pour avancer sur le chemin du retour, pensant, bien sûr, que nous croiserions, à quelques mètres de là, la voiture qui était censée nous ramener.

La nuit commençait à tomber. Mon petit frère fatiguait, mais il était hors de question de faire marche arrière. Je le motivais comme je pouvais, le rassurais à ma manière et le cachais dans le fossé dès que des phares nous éblouissaient au loin. Du haut de mes huit ans, j'étais une véritable petite maman protectrice envers lui. Après quelques heures de marche, et guidés par les lumières de la ville qui scintillaient au loin, nous arrivâmes enfin à la pâtisserie du village qui s'apprêtait à fermer.

Nous venions de faire plus de six kilomètres à pied, dans la campagne la plus sombre et la plus silencieuse qui soit. Mme Jacquet, qui semblait plus affolée que nous, nous offrit des gâteaux en attendant que l'on vienne nous chercher.

Pour bien des raisons, j'avais préféré prendre la route plutôt que de rester attendre devant ce lieu des hostilités que représentait mon école.

L'ambiance n'était pas toujours au beau fixe entre les deux clans des crétins contre les boudins et l'aventure d'après fut celle de trop !

Un jour, mes petits camarades, menés par leur chef de bande qui n'était autre que le fils du directeur, ont eu la bonne idée au cours de la récréation de décrocher la carabine de chasse de monsieur le directeur qui vivait sur place... M'attirant doucement derrière le préau, ils finirent par réussir à m'attacher et pointèrent sur moi cette arme qui me terrifiait en me disant : « Sale bouddhiste, on va te tuer ! Retourne dans ta secte. »

Après cet épisode un peu traumatisant, je changeai enfin d'école primaire.

Dans le nouvel établissement scolaire qui se trouvait à cinq kilomètres du monastère, l'instituteur, qui était aussi le maire du village, me surnomma dès les tout premiers jours « Joie de vivre ». Ce fut mon surnom pendant deux ans : « Joie de vivre, au tableau », c'était plutôt original comme approche !

En cinquième, lors du conseil de classe de fin d'année, j'annonçai devant tous mes professeurs vouloir être scénariste plus tard. Cette passion pour l'écriture remonte donc à mes treize ans et ne m'a jamais quittée depuis !

Quelques années après, alors que je commençais mon année de troisième au collège, j'avais obtenu de la part du rectorat de la région d'arrêter l'allemand en deuxième langue pour le remplacer par le tibétain, justifiant qu'un professeur de tibétain s'était installé au monastère. Pour l'époque, et avec le recul, je trouve que le directeur de l'établissement scolaire était sacrément ouvert et avant-gardiste pour accepter une telle demande !

À la fin du mois de juin 1988, je décroche mon brevet des collèges et m'inscris en seconde A3, Arts plastiques, pour la rentrée de septembre. Une section artistique qui n'existe pas dans ma région mais qui me passionne tant. Alors, avec l'accord de mes parents, je suivrai mes cours par correspondance.

L'été 1988 marquera le virage à 180 degrés de ma vie.

2 - Une adolescence hors du commun

Depuis la fondation du centre bouddhiste en 1974, un temple himalayen gigantesque, un stoupa[1] et deux centres de retraite de méditation avaient été construits. Ces deux lieux de méditation, l'un pour les hommes et l'autre pour les femmes, avaient vu le jour en 1976 afin que les résidents du centre puissent y faire la retraite traditionnelle de méditation d'une durée de 3 ans, 3 mois et 3 jours, telle qu'elle était accomplie au Tibet à l'époque et perdure en Inde maintenant, tout comme en Occident. Tous les quatre ans, une partie des résidents – que je considérais comme mes oncles et tantes – partaient pour trois ans et revenaient différents. Je me demandais vraiment ce qu'ils avaient bien pu faire pendant toutes ces longues années pour en ressortir si sereins. Ils semblaient apaisés et profondément heureux.

Alors que la nouvelle promotion des retraitants s'apprête à entrer en retraite pour trois ans, l'une des participantes me demande de l'assister une partie de l'été jusqu'à son entrée en retraite prévue le 10 novembre 1988. Jeanine est une femme d'une cinquantaine d'années, que je connais depuis toute petite. Malentendante, elle ne pourrait malheureusement pas suivre seule les enseignements qui seront transmis par le grand maître et méditant tibétain Bokar Rimpoché, venu spécialement d'Inde pour l'occasion. Mais elle ne

1 Monument sacré qui contient des reliques du Bouddha.

renonce pas et persiste à chercher quelqu'un qui puisse lui retranscrire toutes les instructions qui seront données quotidiennement dans le temple. En désespoir de cause, Jeanine se tourne vers moi et me demande, sans grande conviction, si j'accepterais de l'aider pendant quelques semaines.

J'ai 15 ans et demi, l'année scolaire vient de se terminer et, comme chaque année, une vingtaine de jeunes ont prévu de passer l'été au monastère avec leurs parents. Les retrouvailles approchent, les baignades au lac la journée et les feux de camp sur lesquels on fera griller des chamallows le soir sont programmés depuis longtemps. On chantera tous ensemble « Let it be », accompagnés par la guitare d'un ami musicien. Bref, ces vacances, je les attends depuis l'été dernier ! Chaque année, les huit semaines de répit sont de véritables moments de joie et de liberté. Pourquoi devrais-je renoncer à tous ces instants de bonheur à venir pour accompagner une femme qui veut trouver le bonheur en partant méditer ?

Quel dilemme ! Il fallait choisir entre son bonheur et le mien ! Le mien, je le connais déjà, mais le sien m'intrigue. Ma décision est rapidement prise. Plutôt que de m'amuser avec les jeunes de mon âge, je décide cet été-là d'être studieuse et de lui rendre ce service. Une dérogation me fut alors accordée afin que je puisse entrer dans le temple pour assister Jeanine. Je suis la seule sur quarante futurs retraitants à ne pas entrer en retraite, mais aussi la plus jeune de l'assemblée au milieu de tous ces adultes, étonnés de me sentir aussi investie. Le mois de septembre est déjà là, les feux de camp se sont éteints, les chamallows ont été mangés, la guitare rangée, mes amis sont repartis et la rentrée des classes approche.

Les semaines d'instructions s'enchaînent et je commence mes cours par correspondance pendant les courtes pauses que l'on nous accorde. Les retraitants se préparent un peu plus chaque jour, intégrant les centres de retraite respectifs à la tombée de la nuit. Leurs coupes de cheveux se raccourcissent pour terminer crânes rasés et ils ont troqué leurs tenues vestimentaires sombres contre des robes bordeaux, revêtant le *zen*[1] traditionnel tibétain de la même couleur.

Le 7 novembre 1988, vers 22 heures, alors que je termine de dîner dans la résidence du Lama qui dirige le centre, il me dit d'un ton joyeux : « Hermès, tu ne veux pas faire la retraite, il reste une cabane ? » Depuis toute petite, j'ai l'habitude qu'il me taquine. Alors je hoche la tête et souris, puis je rentre à pied retrouver ma mère et mon frère dans le petit pavillon qui se trouve en face du temple et que nous habitons depuis toujours dans un confort spartiate. Une fois chez moi, je m'empresse de répéter la proposition surprenante que l'on vient de me faire. Le temps de remonter le petit chemin du parc dans le noir, accompagnée de ma maman, je frappe chez le Lama qui est sur le point de se coucher.

Il s'ensuit une conversation surréaliste au cours de laquelle j'exprime mon enthousiasme à l'idée de partir en retraite et j'obtiens, certes de manière un peu précipitée, l'accord de ma maman.

Avec le recul, je réalise que ce soir-là, je ne lui ai certainement pas laissé le temps nécessaire à la réflexion.

Jeanine renonçait à entrer en retraite. Cette petite pièce de 9 m² était alors pour moi !!! Le Lama m'avoua par la suite qu'il avait lancé cela sur le ton de la plaisanterie mais, très vite, son discours avait changé face à mon engouement communicatif.

J'étais née dans cet univers, avais grandi auprès des plus grands maîtres tibétains et suivi toute la préparation de cette retraite. Alors étais-je finalement moins prête qu'un autre ? Quel sens de la persuasion avais-je pu avoir à ce moment-là pour redescendre chez moi avec deux accords qui changeraient le cours de ma vie, obtenus en l'espace d'à peine une heure ? Persuasion, enthousiasme,

---

1 Grand châle que portent les moines et les méditants.

détermination. Ou alors me faisaient-ils tout simplement confiance malgré mon tout jeune âge ?

Dès le lendemain matin, deux futurs retraitants étaient réquisitionnés pour aller isoler ma petite cabane de 9 m², y poser une magnifique moquette bordeaux violacé de mauvais goût et une plaque de cuisine double feu digne d'un camping deux étoiles. Le tout fut exécuté en moins d'une journée, sans laisser place à une quelconque touche créative. Je disposais d'une superficie que tout locataire de chambre de bonne m'aurait enviée !

De mon côté, il me restait quand même un point, et non des moindres, à régler : prévenir mon père de mon petit voyage d'une durée de trois ans ! Comment allais-je lui faire part de mon envie soudaine de partir méditer ? Une envie irrépressible qui ne passait pas !

Alors que je lui annonce ma décision par téléphone, du haut de mes 15 ans et demi et sur un ton plutôt formel, je lui précise que de toute façon, qu'il soit d'accord ou non, c'était mon choix ! Pensant que cela serait un argument de poids, j'ajoute au détour d'une phrase que le matin même, on m'a rasé la tête ! J'étais passée d'une longue chevelure blonde qui descendait jusqu'au bas du dos à une coupe radicalement courte qui me donnait un petit air de garçon aux dires de mon frère légèrement moqueur. Il soutenait ma démarche mais ne validait pas mon nouveau look ! Cet argument n'arrêta en rien mon père qui me signala d'un ton détaché qu'il viendrait me chercher dès le lendemain. Il m'achèterait une perruque et m'inscrirait en seconde à Paris. Le monde s'écroulait en même temps que le gong du temple retentissait dans le vent glacial.

Je regagnai le temple pour y suivre les toutes dernières instructions, mais le cœur n'y était plus. Désemparée, les yeux rougis et un peu perdue, je n'osais imaginer qu'il puisse m'interdire de partir et, pourtant, je n'étais qu'une adolescente qui dépendait de la décision de ses deux parents ! Il aura fallu à ma mère près de deux heures d'échanges téléphoniques pour convaincre mon père de me donner cette chance qui ne s'offrirait pas deux fois à moi. Je lui serai éternellement reconnaissante d'avoir su démontrer que ma démarche n'était pas si invraisemblable que cela et suis certaine qu'elle aurait été un excellent avocat, jamais à court d'arguments.

Le lendemain après-midi, je me retrouvai dans le salon de Bokar Rimpoché, accompagnée de mes parents, de mon petit frère et de la sœur de mon père. Mes parents, qui envisageaient cette retraite avec précaution et discernement, exposèrent toutes sortes de questions et évoquèrent leurs craintes. Mais Bokar Rimpoché trouvait des réponses simples, claires et rassurantes, allant même jusqu'à proposer que je n'entre en retraite que pour un an. Je pourrais donc sortir au bout de cette première année si je le souhaitais. Tout en posant son regard bienveillant sur moi, il expliquait avec une belle image qu'étant née dans le Dharma[1], celui-ci coulait dans mes veines de manière naturelle comme une enfant qui serait née au Tibet.

Mes parents ressortirent de cet entretien rassurés, apaisés et sereins, et moi avec la conviction que tout irait bien. Secrètement, il n'était pas question pour moi de quitter cette aventure au bout d'un an. J'étais motivée et déterminée, rien ni personne n'aurait pu me faire changer d'avis !

1 Le bouddhisme ou l'enseignement du Bouddha.

3 - Retraitée à 15 ans et demi !

Jeudi 10 novembre 1988… Ça y est, nous y sommes ! C'est le grand jour ! Dans quelques heures, les deux grandes portes en bois se refermeront derrière moi pour trois ans. Je vais laisser la douceur de ma vie à l'extérieur pour entrer vers l'inconnu.

Ma maman sort deux valises qu'elle remplit minutieusement, deux valises pour trois ans, ça fait peu finalement ! Des vêtements pris ici et là dans mes étagères d'adolescente, laissant de côté les tenues roses et jaune fluo à la mode depuis cet été. Elle prend soin de me choisir des tenues qui pourraient me servir en toutes saisons, cherchant parmi elles des couleurs que j'aurai le droit de porter, renonçant à mes jeans, robes, jupes et baskets… Deux valises suffiront à mettre le tout, ou finalement, le si peu qu'il m'est autorisé d'emporter. Elle me prépare un petit tas de vaisselle, une couette et deux cartons de provisions pour les premiers repas, puis nous chargeons la voiture pour faire les 800 mètres qui nous séparent du centre de retraite. Je dépose le tout en vrac, au milieu de ma nouvelle résidence de 9 m^2.

Mes parents n'ont malheureusement pas le droit de franchir la porte du centre de retraite car, depuis quelques heures, seules les futures retraitantes y ont accès. Pas une seule fois, ils ne pourront voir mon petit chez moi installé. J'aurais pourtant tellement aimé qu'ils puissent mettre une image sur ma nouvelle vie et qu'elle puisse les rassurer malgré la distance et les années d'absence.

Je déballerai mes affaires ce soir pour emménager seule et dormirai, pour la première fois de ma vie, loin de ma famille et de mon petit frère. Ce petit frère complice que je protège depuis toujours et que je chéris tant.

Peut-être regretterai-je ma décision ce soir, seule face au silence de ma nouvelle destinée ?

L'entrée en retraite approche. Je profite des derniers instants avec mes proches. Mon père ne quitte pas ses lunettes aux verres foncés comme pour cacher ses yeux remplis d'émotion. Je passe mes derniers appels téléphoniques à mes grands-parents paternels et maternels pour leur dire au revoir et « à dans trois ans » ! Je sens leurs voix fébriles et l'incertitude d'être encore là dans trois ans les rend tristes.

Après quelques photos de groupe devant les centres de retraite, on se dirige vers « Naro-Ling », le centre des hommes. Les adieux sont brefs, bien que très émouvants. Quatre couples se séparent pour trois ans, les hommes entrant d'un côté et leurs compagnes de l'autre.

Sur le petit chemin qui mène au centre des femmes, on entend quelques rires qui s'estompent au fur et à mesure des pas qui nous rapprochent de Nigou-Ling. Une certaine tension se fait sentir. Les femmes qui viennent de dire au revoir à leurs maris ont perdu leur sourire, et un long silence s'empare des autres. D'ici quelques minutes, je sais que ce sera mon tour de dire au revoir à mes proches. Je souris pour rassurer ma famille que je sens émue.

À aucun moment le doute ne m'envahira. Je suis sûre de mon choix et prête à vivre cette longue aventure. Je ne sais pas vraiment ce qui m'attend, mais l'inconnu ne me fait pas peur. Il m'intrigue.

Il est temps pour moi de serrer mes proches dans mes bras, de leur adresser un petit mot, de les embrasser pour la dernière fois mais je ne m'attarde surtout pas pour éviter d'être envahie par une tristesse soudaine qui me donnerait des regrets avant l'heure. Dans ces moments-là, il ne faut surtout pas penser. Juste agir…

Trente ans plus tard et avec le recul, je me demande encore comment j'ai pu dire au revoir aux personnes que j'aimais tant sans avoir le cœur brisé, sans même verser une larme… Si c'était à refaire maintenant, je crois que je serais profondément touchée de quitter les personnes qui me sont si chères. Je pense même que l'affect prendrait le dessus et que je serais complètement bouleversée de partir pour si longtemps, certainement parce que, aujourd'hui, je suis maman.

Alors que les premiers « au revoir » résonnent tout autour de nous dans la foule, je suis l'une des premières retraitantes à poser un pied dans l'enceinte du centre, sans même me retourner. Me retourner aurait sans doute été trop difficile. Voir mes parents émus m'aurait déstabilisée. Observer mon petit frère stupéfait par la décision de sa sœur m'aurait retourné le cœur. Je me souviens avoir agité la main pour saluer tout le monde et crié au loin : « À bientôt ! » Puis je me suis engouffrée rapidement dans le sas du centre de retraite pour que cet instant dure le moins longtemps possible. J'ai toujours détesté les « au revoir » et préfère de loin les « à bientôt » !

Une fois la porte fermée, j'entends la foule qui s'éloigne. Me voilà à présent entourée de neuf femmes de sept nationalités et de tous âges. J'ai 15 ans et demi et la plus âgée en a soixante-dix. Je vais apprendre à vivre avec des femmes alors que je ne suis qu'une jeune adolescente, je vais me familiariser avec les cultures et coutumes de mes consœurs – américaine, polonaise, anglaise, bhoutanaise, italienne, argentine – et partager des moments avec les trois autres Françaises.

Je suis la plus jeune femme occidentale à tenter cette expérience, à tout quitter pour partir méditer pendant trois ans, mais à aucun moment cela ne pèsera sur mes épaules.

Je n'ai rien à prouver à personne, seule ma motivation et ma détermination seront mes partenaires de vie au quotidien. Savoir que j'ai la possibilité de sortir dans douze mois si les conditions de vie sont trop difficiles rend l'aventure déjà plus abordable. Vu comme ça, j'ai le cœur léger et serein.

Le centre de retraite des femmes, Nigou-Ling en tibétain, est constitué de dix petites cellules, une pour chaque retraitante et une autre petite pièce pour y stocker nos provisions dans des casiers individuels et personnalisés. Au centre de cette enceinte, entièrement fermée par une palissade en bois de huit mètres de haut, se trouve le petit temple dans lequel nous nous réunirons toutes pour les deux offices quotidiens.

Seules les premières arrivées et surtout les plus courageuses pourront bénéficier de l'eau chaude de la salle de bains commune. La chaleur inexistante de ce lieu a fait place à une humidité envahissante qui s'exprime en toute liberté sur la peinture claire des murs. La porte en bois ne ferme plus depuis des années et ne semble pas avoir été réparée pour autant avant l'arrivée des nouvelles locataires ! Il ne suffit d'ailleurs que d'une visite de cet endroit peu accueillant pour comprendre que les matins d'hiver, nous n'aurons aucune envie de nous attarder dans cette pièce glaciale, ce qui tombe plutôt bien car nous ne sommes pas là pour être coquettes ! Efficacité et simplicité remplaceront vite beauté et subtilité...

La cuisine ne servira qu'à conserver nos produits frais et nous ferons une session de yoga tibétain par jour dans la salle prévue à cet effet. Le mot « salle » est un bien grand mot car le sol est resté à l'état de béton brut et les vitres des fenêtres ont été remplacées par des moustiquaires vertes fixées par des agrafes qui se décrochent ici et là. Cet espace ne donne absolument aucune envie de s'y relaxer, encore moins de s'y éterniser et pourrait bien devenir l'objet de mes cauchemars pendant les mois les plus froids de l'année.

Ma chambre se trouve tout au fond à droite, dans le contrebas du site qui s'étend sur 500 m^2 au total. C'est la plus sombre de toutes et l'odeur de peinture encore fraîche m'obligera à dormir porte et fenêtre ouvertes au moins la première nuit. La précipitation dans laquelle ma cellule a été préparée n'a pas rendu possible l'installation d'un chauffage comme celui de mes voisines. J'ai donc pris l'option d'apporter le petit radiateur à huile de chez moi pour le brancher l'hiver en cas de grand froid.

Toutes les cellules sont collées les unes aux autres de mon côté. De l'autre côté du petit espace vert qui nous sépare, quatre cabanons de la même superficie font face au soleil. Quelle chance pour ces habitantes d'avoir accès à un peu de lumière naturelle ! Elle va éclairer leur lieu de vie restreint et y apporter un peu de chaleur par la même occasion.

La palissade en bois de huit mètres de haut nous coupe de tout contact extérieur et nous protège à la fois de tous regards qui se voudraient curieux.

Les conditions de vie s'annoncent rudes avant même de commencer et des moments de complicité comme de friction seront probablement inévitables.

Quand je repense à cet endroit, je le compare avec humour au loft, créé pour les besoins de l'émission de M6 « Loft Story ». Imaginez partager un lieu commun de 500 m^2 avec dix colocataires âgés de quinze à soixante-dix ans et enfermés ensemble pendant trois ans…

Quelques minutes après notre entrée, nous nous retrouvons toutes dans le petit temple pour suivre les premières consignes. Le Lama qui sera notre instructeur nous explique enfin le contenu du programme pour les trois prochaines années. On pourrait dire que l'on n'est plutôt pas mal en termes de planning prévisionnel !

Il sera toujours le même pendant les 3 ans, 3 mois et 3 jours de retraite, soit 365 jours sur 365. Aucun jour de repos ou de congé ne sera accordé, tous les jours de la semaine seront identiques, pas de grasses matinées en vue, ni RTT, ni jours fériés et encore moins de vacances! Nous oublierons les dimanches, les jours de fêtes et les week-ends…

Le détail du programme tombe enfin:

- 3h45: debout. À tour de rôle, nous serons en charge de réveiller la petite communauté en sonnant le gong devant chaque chambre jusqu'à ce que les lumières s'allument… Inutile donc de rechigner à se lever!
- de 4 heures à 6 heures et demie: première session de méditation chacune chez soi,
- de 7 heures à 8 heures: office (poudja en sanscrit) toutes ensemble dans le temple,
- de 8 heures à 9 heures: petit déjeuner chacune chez soi,
- de 9 heures à 11 heures et demie: deuxième session de méditation chacune chez soi,
- de 11 heures et demie à 13 heures trente: pause déjeuner,
- de 13 heures trente à 16 heures: troisième session de méditation chacune chez soi,
- de 16 heures trente à 17 heures trente: séance de yoga toutes ensemble,
- de 18 heures à 19 heures: poudja toutes ensemble dans le temple,
- de 19 heures à 20 heures: dîner,
- de 20 heures à 23 heures: quatrième session de méditation chacune chez soi.

Cet agenda de ministre ne compte pas moins de 14 heures de méditation par jour!

Chacune de notre côté, nous regagnons silencieusement notre modeste demeure. Je me retrouve nez à nez avec mes valises, cartons de vaisselle et couette tout juste posés au milieu de ces 9 m^2. Les quelques statues du Bouddha que j'ai apportées avec moi sauront égayer mon autel et seront surtout mes colocataires bienveillantes.

À ce moment précis, je prends conscience que je suis là pour une durée qui me paraît éternelle. Mon monde d'adolescente basculait en un instant au statut de femme qui devra s'assumer seule à partir d'aujourd'hui, cuisiner, gérer son budget, faire sa lessive à la main, commander ses courses une fois par semaine, être organisée, méthodique, mature et disciplinée. C'est aussi à ce moment-là que je me rends compte que je n'ai dit « à bientôt » à aucune de mes copines du collège, que je n'ai pas annulé ma participation à la boum de samedi prochain, que je ne rejoindrai pas mes amies dans quinze jours pour notre virée shopping, que je ne partagerai pas mes prochaines vacances d'été avec mes amis qui viendront comme chaque année au monastère pendant que leurs parents participeront à différents stages… Me voilà plongée dans un autre monde, un monde irréel, sur la Lune ou ailleurs, dans un univers connu et inconnu à la fois.

Je réalise que je suis « enfermée »! Quelle sensation étrange… Décider d'être enfermée alors que d'autres n'ont pas la possibilité de faire ce choix en général!

Très vite je mets un terme à cette réflexion pour déballer mes affaires avant la toute première session de méditation. Certes, mes valises contiennent bien des vêtements colorés pour toutes saisons, mais aucun ne correspond vraiment aux codes couleurs autorisés pour la retraite, à savoir le bordeaux, le rouge, l'orange et le jaune.

Dès les premiers jours, je me retrouve en robe traditionnelle bordeaux offerte par l'un des Lamas du centre, mais le haut n'est jamais assorti ! Je passe d'un sweat-shirt vert à un haut bleu... Ce qui me vaudra bien une petite réflexion de la part du Lama instructeur qui nous rend visite régulièrement. Chaque enseignement qu'il nous transmet correspond à l'un des deux cents thèmes de méditation que nous pratiquerons alternativement pendant ces trois années. Très vite, je reçois les premiers colis de la part de ma famille pour remédier à ma garde-robe inadéquate.

Ma petite maison prend vie grâce à un autel fixé face à mon lieu de méditation et orné de quelques statues du Bouddha ainsi que de photos de maîtres tibétains. J'ai installé mon petit coin cuisine le long du mur, à droite de ma chambre et deux étagères font office de rangements divers et variés.

Mon lieu de méditation ou « caisse de méditation » est la réplique parfaite de celles que l'on trouvait au Tibet à l'époque, puis maintenant dans les centres de retraites bouddhistes tibétains en Inde. Cette « caisse de méditation » fermée sur quatre côtés ressemble ni plus ni moins à une caisse en bois de un mètre sur un mètre. Elle sera mon lieu de méditation la journée mais, petite précision de haute importance, elle se transformera, le soir venu, en pseudo-lieu de sommeil. Encore plus pratique qu'un clic-clac, il suffit de retirer l'étroite planche en bois sur laquelle je pose mes textes tibétains de méditation durant les sessions et de la remplacer par une bonne couette moelleuse pour commencer ma nuit « assise ».

Je ne vous cache pas que les premières nuits dans cette position furent des nuits plus que blanches ! Impossible de trouver le sommeil après avoir passé 14 heures assise en tailleur pour enchaîner dans la même position, jusqu'au petit matin. Les premières nuits ont donc été agitées, le temps de trouver un moyen de me caler pour éviter de piquer du nez en plein rêve. Mais pourquoi garder cette posture ?

Il est conseillé de dormir de la sorte pour maintenir l'esprit toujours clair et limpide, ce qui évite aussi de tomber dans une certaine torpeur. Ainsi, la méditation se poursuit dans un sommeil plus que léger et je peux vous garantir que cela fonctionne ! Jamais je n'ai eu un sommeil aussi vif et aérien de ma vie et, effectivement, cette position s'est avérée parfaite lorsque nous avons fait la pratique des rêves, *Milam*, en tibétain.

S'endormir en méditant et contrôler ses rêves tout en étant assoupie nécessite une bonne maîtrise de son esprit. Alors que nous avions des consignes précises à respecter et à reproduire dans nos songes, comme voler dans les airs ou franchir un obstacle, après des heures d'entraînement, cette pratique de *Milam* a été l'une des plus surprenantes de la retraite. C'est lors de cette pratique méditative de deuxième année que l'on se rendit compte que nous étions finalement en méditation quasiment 24 heures sur 24 ! La notion du temps n'existait plus. Les jours se suivaient mais ne se ressemblaient pas à travers les expériences des deux cents pratiques de méditation différentes qui ont chacune un rôle bien précis.

Les quatre premiers mois furent consacrés à ce qu'on appelle les « préliminaires ». Je vous rassure, cela n'a rien de sexuel ! Le principe est d'accomplir 100 000 fois chacun des quatre préliminaires. Je ne développerai pas là les détails de chacune des pratiques mais les premières semaines furent dédiées au premier des quatre préliminaires : les prosternations.

Peut-être avez-vous déjà vu des photos de Tibétains qui se prosternent devant des monuments sacrés, s'allongeant entièrement au sol pour se relever ensuite, dans le but d'éliminer leur ego ? Genoux, coudes et front ne sont généralement épargnés par aucun de ces gestes répétitifs qui demandent de s'élancer au sol, sans état d'âme. Nous avions un mois pour accomplir ces fameuses 100 000 prosternations dans notre petit chez nous très fonctionnel.

Notre kit de prosternations était constitué d'une planche en bois posée sur le sol qui nous permettrait de glisser plus vite, d'un coussin sous les genoux pour adoucir les coups et d'un mala (chapelet) pour compter. Une fois en place, nous étions fin prêtes pour débuter cette pratique éprouvante physiquement. Les premières journées de prosternations se soldaient pour moi par cinq cents ou mille prosternations au compteur alors que j'entendais ma voisine bhoutanaise dans la cabane d'à côté tomber au sol et se relever en moins de trois secondes… Ses coups de genoux et de coudes retentissaient sur le sol pendant des heures, sans pause ni répit ! Cette pratique lui était facile et familière car elle l'avait déjà effectuée lorsqu'elle vivait dans un monastère en Inde.

Lorsque ma voisine argentine effectuait cette même répétition, à un rythme certes plus calme, ses mouvements faisaient trembler les statues de mon autel. La précision de ses gestes donnait l'impression qu'elle y mettait autant de cœur que si elle dansait le tango. Au loin, on entendait dans chaque cabane des secousses sur le sol à des rythmes totalement saccadés. Plus les jours avançaient et plus mes genoux se déboîtaient sous l'effet répété de cet exercice. Je les maintenais à l'aide d'une genouillère bien serrée afin de les protéger du mieux possible mais « maman » n'était pas là pour me mettre de la glace dessus ou pour me masser avec une pommade apaisante.

Devenir une femme, c'était aussi s'assumer dans la douleur et faire face à la souffrance seule. Si toutefois il m'arrivait de demander un conseil à l'une de mes partenaires de retraite plus expérimentée, à aucun moment elles ne se montraient maternelles envers moi. Jamais en trois ans, on ne m'a fait ressentir la différence d'âge qu'il pouvait y avoir entre elles et moi. Le regard qu'elles ont porté sur moi pendant ces années a toujours été respectueux et bienveillant, jamais indifférent et encore moins moqueur. Nous étions toutes égales face à l'inconnu et nous nous sentions proches à travers nos expériences méditatives respectives.

La première quinzaine du mois approchant, l'heure du bilan de mi-parcours et des comptes de nos prosternations sonnait ! Il fallait absolument que j'accélère le rythme si je voulais finir dans les temps. Passer à quatre mille prosternations par jour était le seul choix possible si je voulais terminer dans les délais imposés, sans quoi je devrais continuer les prosternations en parallèle du deuxième préliminaire qui allait bientôt commencer.

Ma détermination l'emporta sur mes genoux affaiblis, couverts de bleus et déboîtés puis remboîtés par mes propres soins, sans aucun état d'âme. Mes coudes étaient en sang et mon front violet ! J'ai vécu les quatre mille prosternations par jour comme un véritable marathon ! Inutile de préciser que dormir assise pendant cette période fut un véritable supplice pour mes genoux déformés qui ne comprenaient pas que je les plie dans un sens le jour et que je les torde dans un autre pour la nuit.

Dois-je vous décrire mes débuts en cuisine ? Les premières semaines, m'aventurer à autre chose que des pâtes, midi et soir, du lundi au dimanche inclus aurait été de la pure folie ! Seul le petit déjeuner m'offrait un peu de fantaisie grâce à la diversité de confitures que je recevais de l'extérieur et que j'étalais avec volupté tantôt sur un pain de mie frais, tantôt grillé, qui devait me faire toute la semaine.

Plus tard, j'investis dans un autocuiseur pour alterner les pâtes avec du riz nature. Je l'avais commandé par l'intermédiaire de notre intendante à qui l'on confiait notre liste de courses placée dans le sas fermé de l'entrée du centre. C'est là qu'avaient lieu tous nos échanges, sans jamais nous apercevoir, et que nous trouvions nos provisions, une fois par semaine.

Il arrivait parfois que mes consœurs ou sœurs du Dharma m'apportent un petit bol de leur repas, accueilli avec jubilation et reconnaissance. Cet accompagnement procurait une saveur indescriptible à mes pâtes à l'eau. Il me fallut un certain temps et beaucoup de patience avant de comprendre que la cuisson des légumes n'était pas forcément identique pour des épinards et pour des brocolis pourtant déposés en même temps et avec le même amour dans une poêle commune. Le jour où j'ai réussi cet exploit culinaire a été une véritable révolution pour mes papilles.

Nos pauses et inter-sessions quotidiennes étaient si courtes qu'il fallait faire preuve d'une discipline redoutable pour respecter au mieux notre planning millimétré. Ces moments de répit nous permettaient de faire notre lessive à la main dans une bassine d'eau froide, de préparer nos repas toujours végétariens, d'étudier les textes tibétains à l'aide de plusieurs dictionnaires, de réécouter les instructions enregistrées au son parfois inaudible, de participer aux tâches ménagères des lieux de vie communs et de répondre au courrier que l'on recevait de temps en temps.

Les nouvelles restaient toujours superficielles des deux côtés du mur. On ne s'aventurait jamais dans aucun détail et le courrier reçu n'évoquait que des bonnes nouvelles afin de ne pas perturber la méditation des retraitantes, telles étaient les consignes strictes à respecter. L'une des informations que je reçus de l'extérieur par mégarde et qui me perturba pendant quelques jours fut l'annonce de la mort de Serge Gainsbourg! En grande fan de Charlotte Gainsbourg que j'étais, les murs de ma chambre d'adolescente n'avaient pas échappé aux posters du film *l'Effrontée*. Je pensais à elle et cette nouvelle m'attristait profondément. Nous étions totalement coupées du monde et de son lot de distractions. Très souvent je ne savais même pas quel jour on était. Les journées étaient rythmées par le retentissement du gong qui annonçait chaque début et chaque fin de session.

Le premier hiver venu et une fois le mois de prosternations terminé, je commençai à ressentir le froid. Mais dès que je branchais mon petit radiateur à bain d'huile, celui-ci faisait sauter les plombs du compteur électrique général de Nigou-Ling. Très vite, je dus finalement me résigner à passer l'hiver, ou plutôt les trois hivers, sans chauffage. C'est à contrecœur et la mort dans l'âme, que je déposai mon petit compagnon dans la salle de yoga, loin de mon regard, pour éviter toute tentation inutile, et passai non pas l'hiver, mais les trois hivers avec la porte de ma chambre entrouverte pour qu'il n'y ait pas de différence de température entre l'extérieur et l'intérieur. Cette technique que j'avais pourtant mise en place, certes aux résultats pas toujours très concluants, me permettait de ne pas être surprise par le froid extérieur quand je sortais et encore moins par la température intérieure lorsque je franchissais le pas de ma porte.

Certains hivers de Bourgogne frôlaient les moins 15 degrés sur le baromètre ce qui me provoquait des engelures considérables aux deux mains. J'étais alors totalement incapable de plier mes doigts pour cuisiner ou pour tourner les pages de mes textes, et passais la plupart de mes pauses à tremper mes mains violacées et douloureuses dans de l'eau chaude. C'était le seul moyen que j'avais trouvé pour m'apporter un peu de réconfort. Dormir assise ces hivers là n'atténuait en rien mes douleurs physiques.

Malgré les conditions de vie qui étaient assez rudes, jamais je n'ai eu le moindre rhume pendant ces trois années et à aucun moment je n'ai été découragée. Les heures de méditation me remplissaient de joie et me faisaient oublier les difficultés extérieures. Les saisons défilaient mais la notion du temps était totalement abstraite.

Au printemps, j'aimais quitter ma demeure pour méditer dehors, enroulée dans une épaisse couverture bordeaux. Enfin, je redécouvrais la lumière qui m'avait tant manqué pendant les longs mois de grand froid. À ma sortie de retraite, j'ai pu constater que ma vision avait considérablement baissé à cause des années passées dans une certaine obscurité, ma chambre étant la plus sombre de toutes et la seule à avoir un vis-à-vis.

Dès le mois de mars, assise sur une palette en bois au milieu des jonquilles, il m'arrivait souvent de rêver d'infinité alors que mon champ de vision était limité par les palissades en bois qui encerclaient le site. J'imaginais alors des paysages illimités, une mer calme d'un bleu turquoise intense, des étendues de sable doux et chaud infinies…

Il m'arrivait parfois, le temps d'un instant, très furtivement, de mettre un œil dans l'un des petits trous de la palissade pour apercevoir un bout de forêt qui jouxtait l'arrière du centre. Cette sensation d'immensité faisait du bien à mes yeux, toujours freinés par cette palissade que j'aurais parfois tant aimé démonter !

Les seules vacances que je pouvais offrir à mes yeux consistaient à lever la tête au ciel… Je me noyais alors éperdument dans les nuages.

Jamais je n'ai autant contemplé le ciel, ses nuages, ses nuances, ses lumières, ses éclairages, ses ombres, ses dégradés, ses espaces, ses formes, ses pleins, ses vides… Je me réfugiais dans ce tableau géant et sans cesse en mouvement. C'était mon écran de cinéma à moi. Ma seule et unique distraction ! Lorsqu'il y avait un arc-en-ciel, le spectacle était à son comble. Deux en même temps, c'était presque indécent ! Cette passion pour les arcs-en-ciel ne me quittera plus, et chaque apparition est comme un clin d'œil coloré à cette retraite.

Vivre en vase clos et croiser chaque jour les mêmes têtes pendant une période si longue provoque forcément des échanges tantôt joyeux, complices ou solidaires, mais aussi tendus, voire distants à certains moments. Les affinités se sont vite fait ressentir. Alors que certaines filles avaient décidé d'être au silence pendant les trois années, je faisais partie des « rebelles » à qui personne n'aurait pu imposer cela. J'avais besoin de rire entre les sessions, de partager mes bobos et mes états d'âme, d'échanger sur nos vies respectives, d'apprendre, de comprendre, de débattre, d'écouter et de questionner.

Pour ne rien oublier de cette parenthèse inattendue, j'ai commencé à écrire dès le tout premier soir de mon entrée en retraite. Chaque jour, sans relâche, sans savoir où cela me mènerait, ni même combien de temps je le ferais. J'ai écrit encore et encore, pendant dix-sept ans, bien au-delà des murs de la retraite !

Trente ans après, j'ai encore des souvenirs plein la tête ; ces moments passés avec Mary, l'Anglaise, à boire du thé labsang souchong pendant les pauses hivernales. Nous aimions aussi nous tremper les pieds dans une bassine d'eau chaude avec des huiles essentielles d'ylang-ylang pour nous masser ensuite les pieds à tour de rôle. Sa chambre sentait toujours bon et son accueil était raffiné. Ces délicieux moments de réflexologie étaient des rendez-vous importants qui contribuaient à notre bien-être.

Je me souviens de ces instants culinaires partagés avec Deanna, l'Américaine, qui m'initiait à ses recettes de gâteaux aux carottes et à ses desserts complètement flasques composés de jelly translucide rouge fluorescent. J'adorais qu'elle me parle anglais. Nos discussions me faisaient voyager de l'autre côté de l'Atlantique et je pourrais même écrire une thèse sur le Montana tant elle m'en a parlé !

Ma voisine bhoutanaise de vingt et un ans, Rinzang, quant à elle, me parlait en tibétain et préparait des plats asiatiques succulents. Chaque jour, les odeurs d'épices et de piments venaient me chatouiller les narines en passant par ma porte, toujours entrouverte. Grâce à elle, le piment est entré dans ma vie pour toujours ! Nos premiers échanges passaient plus par des gestes que par les mots mais très vite, nous sommes arrivées à nous comprendre dans un langage à mi-chemin entre le français et le tibétain, parsemé, ici et là, d'expressions bhoutanaises.

Consuelo, mon autre voisine, était une Argentine très réservée. Malgré sa grande discrétion, et à cause de l'isolation plus que sommaire, je pouvais entendre ses moindres faits et gestes.

J'avais parfois l'impression de partager la même chambre qu'elle tant je connaissais son rythme de vie. Son intimité n'avait aucun secret pour moi… Le soir venu, j'entendais le bruit de l'interrupteur lorsqu'elle éteignait sa lampe pour se coucher. Sa passion pour la macrobiotique me dépassait parfois. Je m'habituai malgré tout aux vapeurs de cuisson de ses azukis, haricots rouges japonais, qui s'échappaient de son autocuiseur disposé sur l'avancée en béton de son lieu de vie sommaire. Ce mètre carré en plus en plein air nous servait de cuisine extérieure ou de garde-manger.

Mon amie polonaise, Joanna, recevait régulièrement des colis de Pologne de la part de ses parents. Elle aimait particulièrement me faire goûter ses bouillies en tout genre que je n'aurais mangées pour rien au monde, même en temps de guerre ! Mais, curiosité oblige, je finis par accepter de partager cette fameuse bouillie traditionnelle avec elle un soir de Noël. C'était notre manière à nous de marquer ces périodes de fêtes que le monde extérieur célébrait.

L'année de mes dix-sept ans, je perdis ma dernière dent de lait pour laquelle pas l'ombre d'une souris n'est passée !

Il y eut aussi des moments de petite frayeur, et je pense notamment à la bonne idée qu'avaient eue ces frelons d'élire domicile sous le toit d'une de nos cabanes. Cinq d'entre nous, dont je faisais partie, furent piquées dans la même journée, par ces gros insectes un peu agressifs. En cas d'extrême urgence, nous avions un moyen, assez archaïque, de prévenir l'un des Lamas qui vivaient à proximité de Nigou-Ling. Il suffisait de souffler dans une conque de manière continue pour qu'il comprenne que nous avions besoin d'une aide médicale extérieure dans les plus brefs délais.

Au mois de mai 1989, notre Lama instructeur nous réunit toutes dans le petit temple pour nous annoncer que mon maître tibétain venait de nous quitter dans son monastère en Inde, à l'âge de quatre-vingt-cinq ans. Au-delà du fait qu'il était un être exceptionnel, un sage d'une bonté et d'une bienveillance inégalables, je le considérais comme mon grand-père. Lorsqu'il séjournait en Bourgogne, j'avais pris l'habitude, depuis toute petite, de pousser la porte de sa chambre, et sans jamais demander la permission à un adulte, je m'engouffrais dans cette pièce lumineuse qui sentait toujours bon l'encens. Alors qu'il était seul ou en méditation, en entretien privé ou en réunion, je traversais la pièce en silence pour aller m'asseoir sur ses genoux. Quelles que soient les circonstances, j'étais toujours accueillie par un sourire divinement doux et quelques mots de bienvenue en tibétain portés par sa voix frêle. Une fois que j'étais confortablement installée sur son giron, il me découpait des petits morceaux de fruits qu'il me donnait de ses mains majestueuses et délicates. Je ne manquais aucun de ses gestes et restais là, pendant des heures, bercée par les prières qu'il récitait en tibétain, ma tête posée contre son cœur.

J'aimais tant me blottir contre la sagesse de cet être exceptionnel.

Son départ inattendu me rendit inconsolable ! En trois ans, c'est le seul événement qui m'a fait douter. Devais-je poursuivre ma retraite ou tout arrêter ? Continuer ou partir en Inde pour lui rendre hommage pendant les quarante-neuf jours de cérémonies traditionnelles ? Après quelques heures de réflexion, je décidai de rester, mais chaque nuit, pendant plusieurs semaines, je rêvai de lui. Cet événement ne fit que renforcer ma détermination pour le reste de la retraite. Je désirais profiter de chaque jour de méditation, de chaque instruction, de chaque expérience, de chaque moment de réflexion, d'apprentissage, de sagesse. L'envie d'être là tout simplement et d'aller jusqu'au bout.

Cette expérience méditative fut la plus longue, la plus intense et la plus marquante de ma vie.

Les conditions étaient extrêmes mais les expériences méditatives dépassaient tout. Lorsque l'on médite pendant trois ans de manière aussi intensive, nous n'avons absolument aucun recul qui puisse nous permettre de définir l'impact positif que pourrait avoir la méditation sur notre vie. Certes, elle développait un ressenti précis et affûté à travers les différents états internes que nous expérimentions, mais il était difficile de savoir ce qu'elle pourrait apporter à long terme et surtout lorsque nous serions confrontées à des situations plus compliquées. Bien que nous passions par toutes sortes de nuances émotionnelles au cours de ces trois années, aucun mot ne serait assez fort pour décrire la profondeur et la pureté de ces instants.

Nous sommes et restons seules face à nous-mêmes. Si loin de tout mais si proches à la fois, notre prise de recul se mêle à une clarté limpide, nous paraissons détachées tout en étant là, si présentes…

Quelle parenthèse de vie incroyable !

Alors que de nombreuses personnes évitent les moments de silence, de calme ou de vide, sans doute par peur de se retrouver seules face à elles-mêmes, moi, je ne me ressource que lorsque je suis seule. J'adore ces instants de paix et n'éprouve jamais la sensation de manque. Je me suis découvert une réelle passion pour le silence en retraite que je ne cherche jamais à combler depuis. Chaque silence a un son unique, une résonance différente. Qu'il est agréable de l'écouter, de l'observer, de le ressentir…

Lorsque je rencontre des personnes qui affirment ne pas savoir comment s'accorder du temps ou ne pas s'autoriser de pause, je vous avoue avoir du mal à comprendre ce concept. Comment est-il possible de ne pas s'arrêter pour se ressourcer ? Comment se ressourcer sans s'arrêter ? Comment espérer se ressourcer en se plongeant dans toute sorte de distractions ? Ayant vécu pendant trois ans sans aucune distraction extérieure, je suis convaincue que les pauses silencieuses, bien qu'inhabituelles dans la vie de tous les jours, apportent énormément de sérénité. L'esprit, à lui tout seul, est déjà bien agité alors lui offrir toutes sortes de distractions pour tenter de l'apaiser ne le rendrait que plus turbulent par la suite.

Certes, nous ne sommes jamais vraiment prêts à entrer en retraite, mais nous sommes encore moins préparés à en sortir…

Les jours précédant notre sortie, la pression monte. Nous demandons à prolonger notre retraite d'une année supplémentaire, mais l'une d'entre nous doit repartir car son visa arrive à expiration. La date du 19 janvier est donc fixée.

Le 19 janvier de cette année 1992 est considéré comme étant un jour auspicieux du calendrier tibétain. Quelle date pour sortir de retraite ! J'ai 19 ans aujourd'hui ! Je n'ai pas dormi de la nuit, comme pour profiter de cette dernière nuit seule face au silence. Ces 3 ans, 3 mois et 3 jours défilent toute la nuit dans mon esprit.

Alors que les adolescents reçoivent le titre de « bachelier » à la fin de leurs études, j'allais recevoir celui de « Lama » le jour de mes 19 ans, ce qui ferait de moi la plus jeune femme « Lama » occidentale.

Lama à 19 ans… Et après ?

4 - Retour à la vie extérieure

Ce fameux 19 janvier 1992, nous sortons les unes derrière les autres, le regard lointain comme si notre esprit était en méditation, loin de l'agitation extérieure et de tous ces regards qui nous attendent.

La réadaptation à la vie commence au moment même où l'on pose le pied à l'extérieur de l'enceinte restée fermée durant ces trois années.

L'agitation est à cet instant-là le seul mot qui me vient à l'esprit pour décrire ce que je ressens.

Très vite, j'aperçois dans la foule les premiers visages, ceux de mes parents qui semblent émus et heureux, de mes oncles et tantes souriants, de mes cousins et cousines intimidés, de mes amis d'enfance curieux, et d'autres visages connus mais oubliés. Certains ont pris des rides et des cheveux blancs, les petits ont grandi, d'autres encore se sont affaiblis. Lorsque j'arrive près de ma mère qui se tient debout sur le côté du petit chemin gelé, je lui demande furtivement qui est le jeune homme brun qui tient la caméra. Je me rends compte que je n'ai pas reconnu mon petit frère devenu si grand du haut de son mètre quatre-vingt ! Tant de choses ont changé en trois ans, mais j'ai eu la chance de n'avoir perdu personne, ce qui n'est pas le cas de certaines de mes consœurs qui ont perdu un parent, un oncle, une cousine ou un ami.

Après une longue procession jusqu'au temple, on s'assied enfin. Je ressens des douleurs dans les jambes alors que je n'ai fait que quelques centaines de mètres. Mon corps a perdu l'habitude de marcher, mes muscles le manifestent déjà. S'ensuivent cérémonies, discours et autres formules de politesse pour saluer les nouveaux Lamas fraîchement sortis de « leurs réserves ». N'y voyez aucun jeu de mots avec les mammifères du même nom ! Nous échangeons des regards entre nous, comme pour retrouver nos repères dans ce brouhaha gigantesque qui nous étourdit. Le bruit, la foule, le son du micro, les déplacements des uns et des autres me donnent l'impression d'être comme un animal égaré.

Est-ce qu'un bébé ressent cela quand il arrive sur terre et qu'il découvre l'environnement extérieur, toutes ces mains et ces visages qui lui sautent dessus alors qu'il était si tranquille pendant neuf mois ? L'atterrissage est un peu violent pour nous toutes et tous, mais sera adouci par les regards et sourires aimants de nos proches qui peuvent enfin nous serrer dans leurs bras, nous parler et nous embrasser. Ce moment de réconfort n'est pas du luxe !

Je fixe chaque visage comme pour réimprimer dans mon cerveau chaque trait, chaque expression, chaque regard qui s'était estompé avec le temps. Quelle émotion indescriptible que de retrouver mes parents, mon frère, ma famille, mes proches, d'entendre mes grands-parents au téléphone et de les savoir en bonne santé. Je n'avais eu que très peu de nouvelles extérieures, mais tout le monde se porte bien. Je suis heureuse et rassurée.

Mais finalement, pourquoi cette retraite était-elle si importante à mes yeux ? Pourquoi avais-je voulu, si jeune, apprendre à méditer ? Pourquoi avoir pris une telle décision alors que je vivais une adolescence absolument douce et équilibrée ?

Aujourd'hui encore, je ne trouve qu'une seule et même réponse à ces questions…

Je voulais simplement apprendre à ÊTRE HEUREUSE ! Apprendre à être heureuse en toutes circonstances, quelles que soient les expériences agréables ou désagréables que me réserverait la vie. Être heureuse sans que mon bonheur ne dépende des autres, être heureuse parce que j'aurais développé cet état d'esprit en moi, être heureuse parce que je l'aurais décidé, voulu, choisi, entretenu, et surtout heureuse parce que je pensais être responsable de ma vie, quoi qu'on en dise, du haut de mes 15 ans et demi !

Quand on était petits, mon frère me faisait toujours la même remarque, et me disait « toi, tu parles comme une grand-mère » tellement il me trouvait sage et raisonnée. Moi, je dirais plutôt mature, disciplinée et déterminée, mais, je n'ai absolument rien contre les grands-mères !

Je ne pouvais envisager de vivre une vie triste ou vide de sens. Chaque soir durant des heures, je me posais mille et une questions sur le pourquoi de l'existence humaine. Une seule réponse m'aurait suffi pour m'expliquer comment donner du sens à la vie. Je ne voulais pas perdre de temps à me chercher, à me trouver, à me perdre et à me retrouver. Je n'arrêtais pas de me demander pourquoi on vit, pourquoi on est sur Terre, quelle est notre utilité sur cette planète, et à quoi ça sert, tout simplement ?

À ma sortie de retraite, j'ai échangé longuement avec certains de mes camarades de collège qui avaient traversé leur adolescence de manière un peu compliquée, voire chaotique. Plus on parlait et plus je réalisais que la décision que j'avais prise, quelques années plus tôt, était la bonne. Je n'étais pas passée à côté de mon adolescence, je l'avais simplement vécue différemment. Ceux qui avaient compris ma démarche n'ont jamais coupé les liens et, trente ans plus tard, nous nous voyons toujours. Les autres ont pris mes parents pour des irresponsables et m'ont tourné le dos. Mais je suis certaine que mon père et ma mère ne pourront jamais me faire de plus beau cadeau que celui qu'ils m'ont offert en me laissant partir si jeune.

Quelle opportunité incroyable ils m'ont donnée en acceptant que je parte à la rencontre de mon esprit, cette « chose » que l'on nomme sans pouvoir l'identifier réellement, cette dimension que l'on ressent sans pour autant y déterminer de limites, autant de temps consacré à quelque chose de non quantifiable et d'invisible mais de pourtant si présent et si riche à qui sait l'explorer.

Il est certain que ma sortie de retraite a été plus difficile à vivre que mon départ. Dire qu'il m'a fallu réapprendre à vivre ne serait pas exagéré.

Cela peut paraître étonnant, mais la réadaptation à la vie aura finalement duré presque une année et j'ai même dû réintégrer certains réflexes oubliés. Les premiers mois, je continuais à dormir assise, avec une quinzaine de coussins dans mon lit. Il m'était impossible de retrouver la position allongée, me réveillant le nez bouché chaque matin ! Petit à petit, je retirais les coussins un à un alors que je rendais visite à ma famille et que je devais m'adapter aux conditions « normales » de couchage.

Monter un escalier me donnait le vertige, sentir un parfum me provoquait des nausées, la sonnerie du téléphone me faisait sursauter, manger un plat un peu gras m'écœurait, marcher me courbaturait, le bruit m'étourdissait, les conversations m'ennuyaient.

À Paris, je trouvais les habitants tristes dans le métro et déprimés dans la rue. Alors que je souriais à tout le monde, je ressentais le mal-être des gens, l'agressivité, les tensions.

J'étais touchée, voire perturbée par cette souffrance que je sentais comme omniprésente. La méditation a développé chez moi un ressenti des choses très fort, que ce soit positif ou négatif, comme si mon esprit était devenu encore plus sensible à l'environnement extérieur et aux émotions des autres.

En 1992, lorsque je sors de retraite, la méditation n'est pas encore reconnue à sa juste valeur en France, mais plutôt considérée comme une technique de détente de hippies tout droit venue d'Asie ! On est très loin de parler des bienfaits de la méditation sur le cerveau, et encore moins d'en vanter les mérites ! Le mot « méditation » ferait même presque peur ! Qu'importe…

5 - Qu'est-ce que la méditation au juste ?

Qu'ai-je finalement fait pendant ces 16 600 heures de silence ? Méditer ! Rien que méditer. Mais qu'est-ce que la méditation au juste ?

Souvent traduit du tibétain ou du sanscrit par « cultiver », cultiver la capacité d'être bienveillant ou accroître notre attention de manière concentrée, ce mot pourrait aussi dire « se familiariser avec », se familiariser avec une nouvelle manière de voir les choses.

Ainsi, j'ai appris, tout au long de la retraite, à développer cette autre façon d'appréhender les différentes situations de la vie, agréables comme désagréables, dans une optique plus large, plus positive, plus optimiste.

Par le simple fait de transformer notre état d'esprit, chacun d'entre nous est ainsi libre de vivre sa journée et, à long terme, sa vie tout entière différemment.

Bien que cet entraînement ait apporté sérénité et douceur à notre quotidien, cette pratique méditative allait se révéler d'une précieuse utilité, une fois dehors !

Un collègue, une amie, un conjoint… que ce soit dans notre milieu professionnel ou dans notre entourage familial, nous avons tous autour de nous des personnes qui nous relatent leur quotidien sous cet angle étroit, étriqué, toujours négatif. Ne prêtant pas la moindre attention à sa disposition d'esprit, cette personne retracera sa journée ainsi :

« Quel temps ce matin, il pleut encore ! J'ai pris un taxi qui roulait comme un fou pour arriver à mon rendez-vous. On m'a servi un café trop fort avant de me recevoir avec quinze minutes de retard. Comme mon frigo est vide, j'ai dû m'arrêter pour faire quelques courses, mais décidément, je suis tombée sur la caissière la plus lente du magasin. Y a rien à la télé, la soirée va encore être longue. Quelle journée, je suis épuisée ! »

En général, ce genre d'individus nous plombent en moins de deux minutes et la seule option qui s'offre à nous est alors de fuir afin d'éviter toute contamination possible de mauvaise humeur !

À l'inverse, une personne entraînée et soucieuse de développer une qualité de penser positive s'exprimera ainsi :

« Comme il pleut ce matin, je vais en profiter pour écrire quelques pages de mon livre. J'ai pris un taxi qui m'a fait un peu peur, mais au moins je suis arrivée à l'heure à mon rendez-vous, et je n'ai pas été mouillée par la pluie. On m'a servi une boisson qui m'a réchauffée et j'ai profité des quinze minutes d'attente pour préparer au mieux cet entretien. Je me suis arrêtée au retour pour faire quelques courses et remplir mon frigo pour la semaine. La caissière qui s'est occupée de moi a pris son temps pour me confier ses problèmes de santé. Ce soir, comme il n'y a pas grand-chose à la télé, je vais en profiter pour terminer mon livre. Quelle journée constructive ! »

Bercée par cette philosophie, ma personnalité s'est modelée sous une forme enjouée et plutôt très conciliante. C'est ainsi que je transmets à mon tour cette façon de penser et cette vision des choses à ma fille, car la vie peut être tellement plus douce quand on la regarde à travers un filtre positif.

La méditation permet non seulement d'envisager de multiples possibilités face à une situation bien précise, mais elle enseigne également à réagir différemment face à nos émotions pour ensuite mieux comprendre celles des autres.

Méditer ne rend absolument pas insensible, mais contribue au contraire à devenir naturellement moins vulnérable face aux revirements de situations, face aux critiques ou aux jugements malveillants et moins déstabilisé par les succès superficiels, les éloges ou compliments que nous pourrions recevoir.

Apprendre à ne plus se laisser envahir par toutes sortes d'émotions désagréables nous offre plus de liberté, de clarté, de lucidité et de discernement. Ainsi, méditer ne rend ni distant ni indifférent, simplement plus vigilant et plus présent. Cette pratique qui nécessite une attention toute particulière consiste à entraîner notre esprit en focalisant toute notre attention sur nos sensations, sur notre respiration, sur le moment présent et sur nos émotions encombrantes pour apprendre à les reconnaître, à les analyser puis à les atténuer. Maintenir une concentration durable sans se laisser distraire pendant ces longs moments de méditation est en réalité chose impossible ! L'esprit se détache sans cesse de l'objet de notre attention pour vagabonder ici et là, tel un petit singe agité que l'on ne pourrait empêcher de bouger. Une simple pensée, un son extérieur, une sensation agréable comme désagréable, une odeur, un souffle d'air, un brin de chaleur, il n'en faut pas plus pour que notre esprit se disperse à nouveau.

L'exercice consiste à prendre conscience de ce vagabondage et à ramener sans cesse notre attention sur le support de méditation choisi. Afin de maintenir une présence attentive maximale, nous commençons par utiliser notre respiration ou tout objet extérieur comme support de méditation avant de pouvoir réaliser les deux cents pratiques différentes de méditation que propose le programme de la retraite de trois ans.

Allez dire à un peintre qu'il n'a pas besoin d'être concentré lorsqu'il crée, ou à un musicien qui doit se produire sur scène qu'il n'aura pas à rester très vigilant pendant sa représentation ! Lorsque l'on médite, notre attention est tout aussi précise et intense et c'est finalement grâce à un entraînement régulier que son maintien et sa constance deviennent de plus en plus naturels.

Cet entraînement est le travail de toute une vie, tel un sportif qui répète chaque jour les mêmes gestes afin de préparer au mieux sa compétition, tel un musicien qui joue ses notes inlassablement, même s'il connaît ses morceaux par cœur, ou comme un danseur qui s'échauffe et s'étire avant un ballet alors que son corps possède déjà toute la grâce et la souplesse nécessaires.

Lorsqu'on arrive à cet équilibre, à un état de bien-être durable et non soumis aux situations ou conditions extérieures, c'est en général le résultat d'une véritable transformation personnelle qui nous permet d'agir plus efficacement dans le monde qui nous entoure.

Parmi les 16 600 heures de méditation effectuées en retraite, certaines pratiques permettent de cultiver des qualités humaines telles que l'amour altruiste, l'empathie, la clarté, la stabilité de l'esprit, l'équilibre émotionnel, la bienveillance et la compassion. Des qualités présentes en chacun de nous mais qui somnolent tant que nous ne nous efforçons pas de les réveiller et surtout de les développer. Les cultiver dès le plus jeune âge serait finalement la plus belle habitude que pourraient entretenir les enfants.

Pour toutes ces raisons, je considère qu'avoir eu accès à cet enseignement si jeune constitue une base saine et solide sur laquelle je peux bâtir la suite de ma vie de manière équilibrée.

Mais, au bout du compte, de quelle façon la méditation impactera-t-elle la suite de ma vie ?

3 ans, 3 mois, 3 jours, ce n'est finalement qu'une courte durée pour entraîner son esprit à tous ces apprentissages.

Maintenant que la théorie et la pratique sont intégrées, il me faut me confronter à la réalité du monde extérieur pour en vérifier la solidité.

6 - L'Inde, terre d'accueil

Après ces 3 ans, 3 mois et 3 jours coupée du monde, je n'arrivais pas à trouver ma place dans cette nouvelle vie extérieure, qui pour moi ne semblait avoir aucun sens.

Lorsque l'on sort de cette aventure si intense, il est difficile de trouver une suite qui l'est tout autant. Et aussi étrange que cela puisse paraître, nous sommes incroyablement bien intérieurement, mais si mal extérieurement. Ou alors si bien intérieurement que l'extérieur n'est plus à la hauteur pour nous apporter un bien-être aussi dense et durable que celui que nous vivons en nous.

Je n'avais aucune envie de reprendre mes études et l'impression de perdre mon temps dans la société m'envahissait...

Trois mois après ma sortie de retraite, je décidai de partir en Inde et au Népal pour y retrouver certains de mes maîtres tibétains. Je m'offris ce premier voyage de douze semaines en Asie grâce à la vente d'un meuble ancien que j'avais hérité de mon arrière-grand-mère.

Pendant trois ans, je fis des allers-retours entre la France et l'Inde. Je me sentais bien là-bas car je pouvais continuer à vivre ma spiritualité. Personne ne me jugeait. Au contraire, dans les monastères tibétains, les moines trouvaient plutôt incroyable de rencontrer une jeune occidentale blonde aux yeux verts, vêtue tout comme eux de la tenue traditionnelle de Lama, qui leur parlait en tibétain avec un léger accent bhoutanais transmis par ma voisine de retraite. Je passais rarement inaperçue dans ce petit village indien dans lequel des camps de réfugiés tibétains avaient fait leur apparition dans les années 1970.

Je donnais des cours d'anglais aux moines dans un monastère non loin de Darjeeling. Je m'occupais également des plus petits laissés par leurs familles, je les trouvais si jeunes pour être livrés à eux-mêmes ! Certains avaient à peine quatre ans et étaient couverts d'eczéma. D'autres petits, faisant encore pipi au lit, avaient la peau des jambes toute brûlée par l'acidité de leur urine. Ma chambre se transformait en un véritable hôpital et j'endossais alors le rôle d'infirmière ou de grande sœur. Les tout-petits m'appelaient même « maman » ! Je faisais des allers-retours au dispensaire du village pour les cas les plus graves, et accompagnais les plus âgés à l'hôpital de Darjeeling pour les opérations plus compliquées.

C'est ainsi que je repris goût à la vie extérieure. Je me sentais enfin utile, comprise, aimée, choyée, respectée et même admirée par les tout-petits en manque d'amour maternel.

Je vivais au rythme du monastère, mangeais le riz aux légumes servi à toute la communauté, matin, midi et soir, sans aucun extra pour l'Occidentale que j'étais, et passais plusieurs mois par an entourée de ces deux cents moines. Les conditions de vie n'étaient pas dignes d'un cinq-étoiles, mais je n'aurais échangé ma petite chambre de 6 m^2, sans chauffage ni eau chaude, pour rien au monde ! Froid, humidité et brouillard définissent parfaitement ce lieu situé à 2 000 mètres d'altitude, dans le nord de l'Inde.

Certaines nuits, j'avais la visite surprise de scorpions dans mon sac de couchage et je trouvais régulièrement des sangsues qui rampaient sur les murs lorsque j'ouvrais un œil au petit matin. Je n'aimais pas particulièrement ces petits animaux de compagnie, mais j'ai très vite compris que c'était moi qui étais chez eux et non l'inverse ! Je m'y suis donc faite avec un peu de tolérance et une certaine persévérance. On m'apprit à retirer les sangsues affamées et agglutinées sur les mollets des jeunes moines en pleurs pour les sauver, au plus vite, de ces petits voraces envahissants.

Un jour, dans le bas du village, j'eus un rendez-vous un peu particulier, un rendez-vous… avec la mort ! Je me retrouvai devant un drap blanc qui commençait à peine à brûler et sous lequel je pus distinguer une silhouette. Un coup de vent souffla et souleva délicatement ce tissu léger qui dévoila un visage de femme, figé et recouvert d'huile de palme épaissement étalée comme pour mieux la consumer. Je ne détournai pas le regard et la contemplai avec le plus de dignité possible. Une famille était en pleurs. Moi j'étais là pour représenter un ami Lama resté en France qui venait de perdre sa sœur.

C'était la première fois que je voyais la mort d'aussi près et de cette manière, mais surtout que je la respirais. L'odeur devenait insoutenable, mais je restai là pendant des heures, jusqu'au bout, comme pour accompagner cette jeune femme dans son dernier voyage qui la réduisait en cendres.

Sa vie fut balayée au sens propre comme au sens figuré, laissant place aux crémations suivantes.

L'Inde est un pays dans lequel rien n'est caché à la population et où l'authenticité se mélange à la dureté de la vie. Richesse des paysages, sourires des enfants, sérénité des sadhous[1], beauté de l'or et des pierres précieuses, couleurs des épices et des saris, où odeurs de fruits frais et douces musiques indiennes se mêlent à la pauvreté omniprésente, à la misère, à la souffrance, aux larmes, aux klaxons, à la pollution et à la surpopulation.

---

1 Ascètes hindous.

De ces trois années passées en Inde, je garde la joie de vivre de tous ces jeunes. Jamais je n'ai vu d'enfants et d'adolescents aussi heureux.

Chaque jour, la plupart de ces petits font plusieurs kilomètres à pied pour se rendre sur les bancs de l'école, marchant le long de ces routes étroites et dangereuses, entre précipices et camions. Tous vêtus du même uniforme aux couleurs de leur établissement scolaire, chaussettes assorties pour les garçons et barrettes pour les filles ; leurs tenues et coiffures impeccables nous feraient presque oublier qu'ils vivent sous le seuil de pauvreté. Et pourtant...

Pour avoir vécu et partagé des moments de vie avec eux, j'ai toujours été stupéfaite de voir ces petits visages d'anges si joyeux rire aux éclats autour d'une boule de papier froissé et tassé en guise de balle. Leur créativité débordante leur faisait oublier l'absence de jouets. Ainsi, un simple morceau de bois attaché à quatre petits cailloux leur donnait la forte impression de jouer avec une petite voiture dernier cri. Quelle leçon d'humilité et d'humanité ! Je n'ai que 19 ans à ce moment-là et leur enfance me rappelle la mienne, toute simple, au monastère. Je préférais jouer dans les arbres et fabriquer des colliers de pâquerettes plutôt que d'allumer la télévision.

Trente ans plus tard, lorsque je vois les enfants d'aujourd'hui, accrochés à leurs écrans et connectés à toutes sortes de futilités, je me demande où est passée leur créativité. D'autres encore s'ennuient alors que leur chambre déborde de jouets. Il est tout aussi étonnant de voir que la dépression a récemment fait son apparition en France chez les moins de dix ans, alors que les conditions de vie paraissent pourtant idéales...

Il m'arrive parfois de dire à ma fille qu'un petit voyage en Inde lui ferait le plus grand bien pour apprendre à jouer en se contentant de peu.

Le contraste entre la retraite et l'Inde m'a vite ramenée à la réalité en passant d'un extrême à l'autre. Je n'ai certes pas choisi le pays le plus paisible pour vivre seule à 19 ans en tant que jeune femme occidentale, mais cette vie à l'autre bout du monde n'a fait que renforcer ma maturité et mon indépendance.

Le contact avec les lépreux dans les rues de Delhi, ces enfants qui rampent dans les bus parce qu'on leur a sectionné l'un des ligaments du genou afin de les rendre plus attendrissants et surtout plus rentables lorsqu'ils mendient, ces vieillards qui gémissent en attendant leur tour dans les hôpitaux bondés, ces crémations sur le bord des routes, ces abattoirs en plein air, ces hurlements de poulets ou de chèvres à l'agonie qui rythment les repas des touristes à l'angle des restaurants sous le regard indifférent des passants… autant de scènes et d'images que je n'oublierai jamais.

Sans compter cette frayeur que j'ai eue lors de mon premier séjour, lorsque mon avion atterrit *in extremis* dans un champ étroit pour éviter de s'écraser sur la ville de Siliguri.

Avec le recul, je pense que mes années de méditation ont renforcé ma force de caractère. Ma persévérance et ma détermination ont éclipsé bon nombre de peurs qui auraient pu me faire rentrer en France dès les premières heures de mon séjour indien.

Adulte, active, puis maman…

7 - Premier contact avec la vie « très » active...

À ma sortie de retraite en 1992, on m'avait demandé d'enseigner le Dharma[1], mais j'avais refusé, pour une seule raison.

En tant que très jeune Lama, j'estimais que je n'avais pas suffisamment vécu dans la société pour pouvoir enseigner à des adultes qui attendront de moi que je les aide et les conseille à différentes étapes de leur vie. L'autre expérience qui me manquait, à ce moment-là, était celle du monde du travail que je ne connaissais absolument pas et que je souhaitais côtoyer pour mieux appréhender le monde qui m'entourait.

J'avais finalement décliné la proposition d'enseigner pour une seule et unique raison. Je pensais ne pas avoir vraiment SOUFFERT pour pouvoir comprendre la souffrance des autres.

En rentrant d'Inde, en 1996, j'ai 23 ans et n'oublie pas la promesse faite à mon père... celle de passer mon bac... « un jour »! Ayant arrêté mes études en fin de troisième, je m'inscris donc à la Sorbonne Nouvelle de Paris pour passer le DAEU, l'équivalent du bac lettres. J'obtiens mon bac en dix mois, avec mention. Je me demande alors si je dois cette réussite à la concentration que j'ai consolidée tout au long de l'année en méditant quotidiennement, ou bien aussi à ma détermination de toujours; cette volonté qui franchit toute limite

1 Voir note p. 27.

face à une situation inconnue et que rien n'arrête lorsque je dois me surpasser. Je ne vois aucune autre explication à ce résultat.

Le bac en poche, on me propose un poste d'assistante de production dans une société de production audiovisuelle. Lorsque je vivais en Inde, j'assistais régulièrement des équipes de tournage en tant qu'interprète, assistante-réalisatrice ou conseillère technique. Là, on me proposait de me former, de A à Z, aux métiers de la production audiovisuelle, dans un bureau de Boulogne-Billancourt, mais il fallait quand même avoir quelques notions de production pour se lancer dans ce métier.

Je n'avais jamais travaillé, et encore moins allumé un ordinateur de ma vie. Ce vendredi-là, je me rendis donc à mon tout premier entretien d'embauche, les mains dans les poches « sans espoir ni crainte »! Je n'ai absolument rien suivi de la discussion lors de ce rendez-vous avec la directrice de production, mais je notais tout scrupuleusement en répondant par l'affirmative à chaque question posée. Bien sûr que je savais faire des tableaux Excel, travailler sur Power Point, établir des budgets, rédiger des dossiers pour le CNC. Évidemment que j'avais déjà fait de la post-production, de l'étalonnage, du mixage, des rendus de comptes et des déclarations à la SACEM. Les unités complètes de tournage n'avaient aucun secret pour moi et je maîtrisais parfaitement toutes les normes techniques de livraison de PAD[1] pour les différentes chaînes parisiennes!

Je venais de vivre un rendez-vous surréaliste mais j'étais embauchée et commençais lundi! Lundi. Dans à peine trois jours, dans moins de 72 heures, dans plus de 4320 minutes et finalement dans seulement 259 200 secondes!!!

1 Support d'émission prêt à diffuser.

Étais-je complètement inconsciente ou juste insouciante? Comment avais-je pu accepter ce poste alors que je n'avais pas compris le quart de mes nouvelles fonctions?

Je n'ai réfléchi que trente secondes avant de donner ma réponse. Une seule phrase m'est passée par la tête et c'est cette même phrase qui me suit encore lorsque je dois prendre une grande décision:

« Si j'ai réussi à faire cette retraite de trois ans si jeune, alors je suis capable de… commencer ce travail lundi! »

Ne laissant aucune place au doute, je passai mon week-end en mode « formation informatique accélérée » chez mon frère qui se montra extrêmement patient alors qu'il me perdait au détour de chaque explication technique! J'allais m'y faire, ce serait désormais les nouveaux termes à intégrer à mon vocabulaire, ceux qui remplaceraient les mots « méditation » et « retraite », quelques heures par jour.

Le lundi matin, en arrivant dans l'open space du bureau, panique à bord! L'ordinateur qui se présente sur mon bureau n'est pas du tout le même que celui de mon frère. Je l'appelle en cachette pour lui demander comment ce spécimen rare, que je décris comme je peux, s'allume. Deuxième étape: je fais tomber un stylo au sol pour ramper sous le bureau de ma voisine à la recherche d'une tour externe décrite par téléphone. Je commence très fort! Cet épisode aura été le seul de ma première journée de travail à me donner le sourire. Celle-ci fut éprouvante et interminable. Je passai les vingt-sept stations de retour en métro à cogiter sur mon avenir dans ce bureau, dans ce milieu, avec ces gens. Les jours suivants, les dossiers s'accumulaient sur le coin de mon bureau et je repartais le soir avec une somme de tâches considérables à reprendre entièrement chez moi. La vitesse de la vie active me dépassait. Les quinze personnes de la rédaction tapaient sur leur clavier dans un nuage de fumée permanent, entre coups de fil bruyants et discussions énergiques. J'étais bien loin de l'encens tibétain qui brûle dans les monastères et du silence de la retraite. L'open space fumeur se transformait en un coin cuisine le midi et nous déjeunions dans cette fumée épaisse et constante. Le découragement s'emparait souvent de moi, mais je restais déterminée pensant qu'avec un peu de patience, tout irait mieux… le lendemain, la semaine prochaine ou d'ici quelques mois ! La notion du temps n'était pour moi qu'une question d'adaptation.

Quelques mois plus tard, j'avais intégré les notions de production, je prenais de l'avance le soir, m'arrêtais chaque matin dans les salles de montage pour regarder, observer, écouter, analyser les moindres coupes. J'étais montée dans le train de la vie active et progressais enfin à sa vitesse. Cette première expérience professionnelle, payée 800 francs par mois, m'a vite confrontée à la réalité de la vie, un peu particulière, parfois difficile, comptant le moindre franc pour faire mes courses. Le monde des roupies indiennes qui donne l'impression d'être millionnaire en convertissant quelques francs était bien loin des centimes en fête, égarés au fond de mon porte-monnaie. À ce rythme-là, je ne repartirai pas de sitôt en Inde. Pendant quelques années, le magasin Leader Price fut mon QG. Les petits paquets de soupe lyophilisée à 90 centimes étaient devenus mes meilleurs amis et puis, à bien y réfléchir, je n'avais pas le temps de cuisiner vu la quantité de tableaux Excel que je rapportais le soir en guise de dessert !

Cette année-là, je me concentrai sur vingt-deux documentaires animaliers en parallèle. Alors que certaines équipes envoyées au Niger scrutaient les moindres faits et gestes des girafes, l'unité de tournage qui filmait les pandas roux de Darjeeling tombait en panne, nécessitant un échange urgent. Je jonglais entre ces vingt-deux films, certains en cours d'écriture ou de préparation, d'autres en tournage ou en post-production. Il était fréquent d'être réveillée la nuit par l'une des équipes pour faire un virement dans les plus brefs délais, ou pour rapatrier un technicien tombé malade.

Le niveau de stress aurait pu être à son comble, mais jamais je ne me laissais dépasser par le caractère autoritaire de certains. Je préférais pleurer pendant mon heure et quart de retour en métro plutôt que de me laisser embarquer dans les histoires de bureau.

Très vite, je compris que le monde du travail pouvait se montrer sans pitié, parfois bourré d'ego, matérialiste et superficiel, mais j'étais déterminée à persévérer. Il fallait s'accrocher. Des conditions inhabituelles, j'en avais vécu et, jusqu'à présent, je les avais toutes apprivoisées.

Après ces quelques années dans cette première société de production, il m'est arrivé, entre deux voyages en Asie, de faire de la figuration pour des films et des séries télévisées. Un soir, un directeur de casting m'appelle pour me proposer deux jours de tournage avec un célèbre comédien français. Le lendemain, je retrouve une trentaine de figurants devant ce lieu atypique, un club privé à l'entrée étriquée qui n'inspire pas vraiment confiance. Smokings pour les hommes, robes de soirée parées de paillettes, maquillage et talons hauts pour les femmes. Il n'est que 7 heures du matin, Paris se réveille. Cette scène matinale me fait sourire tant le contraste me paraît surréaliste !

Une fois engouffrée dans ce lieu sombre qui sent encore le tabac froid, je me fais discrète et me mets tout au fond, juste derrière le bar. Un verre d'eau à la main en guise de coupe de champagne, nous dansons tous, en silence, sans musique, pour que les dialogues des acteurs restent parfaitement audibles. Chacun bouge sur son propre rythme imaginaire. Inutile de le préciser, cette scène ne ressemble finalement à rien ! Après des dizaines de prises qui ne conviennent jamais, l'acteur principal, assis sur un canapé rouge, stoppe net le tournage et hurle : « Il me faut un p'tit cul pour s'asseoir à côté de moi, un p'tit, pas un gros!!! » Il se retourne, nous dévisage une à une des pieds à la tête. On ne respire plus comme pour se rendre invisibles. Il pointe du doigt dans ma direction. Sans doute indique-t-il ma voisine? Son regard se pose sur moi, je suis gênée et essaie de reculer. Mais sa voix criarde m'appelle: « Toi! Toi, là-bas, t'as un p'tit cul, viens t'asseoir ici, p'tit cul! »

Je n'ai pas bougé de ce canapé pendant les deux jours de tournage. Cette situation me paraissait aussi improbable qu'inconfortable! Jamais au monastère on ne m'avait appelée comme ça! Vingt ans plus tard, j'allais travailler avec un animateur télé qui surnomme tout le monde comme ça, à croire que les familiarités sont assez courantes dans le milieu artistique auquel j'appartiens désormais.

Ces figurations m'ont conduite de film en film, de série en série, tantôt au Maroc avec les Inconnus, tantôt dans un hôpital pour jouer une infirmière, parfois dans un tribunal pour être jurée ou encore dans une cuisine, à éplucher des légumes! Je ne peux oublier le jour où je me suis retrouvée habillée en robe léopard moulante avec des prothèses mammaires pour jouer une prostituée.

Alors qu'il manque une comédienne le jour du tournage, le réalisateur me désigne pour la remplacer au pied levé. « Mais pourquoi moi? » demandai-je en me retournant vers les équipes? On est bien d'accord que dans ces moments-là, il vaut mieux laisser l'étiquette de Lama au vestiaire et penser à autre chose; ce que je fis bien évidemment! Impossible de mettre en avant le fait que j'étais Lama pour échapper à cette situation cocasse. C'est aussi cela, s'adapter aux circonstances et les envisager différemment. J'avais préféré l'humour à la fuite.

Je me souviens aussi de cette rencontre avec le réalisateur Jean-Jacques Beineix alors qu'il réalisait un documentaire sur le phénomène « Loft Story ». Lors de cette interview, il avait établi un parallèle entre ma retraite et l'enfermement pendant quelques semaines d'une dizaine de candidats pour les besoins de cette émission. Alors que je suivais les diffusions quotidiennes, je ne comprenais pas comment ces candidats pouvaient tenir le rythme des activités proposées par la production tant elles me paraissaient aussi ridicules que superficielles. Ces jeunes n'avaient aucun répit et on les sollicitait sans cesse à toute heure du jour et de la nuit. Je constatai lors de cet entretien que je ne m'étais jamais ennuyée en trois ans de retraite alors que j'étais coupée du monde sans aucune distraction. Ni télé, ni radio, ni journaux, ni musique, ni longs bavardages, ni lecture, ni même de nouvelles extérieures divertissantes dans les courriers. Rien pendant trois ans. J'étais consternée de voir que des êtres puissent tourner en rond comme des animaux en cage et dormir autant alors qu'ils étaient enfermés en apparence mais stimulés en permanence. Mes échanges avec M. Beineix furent passionnants.

En vingt-trois ans, j'ai eu l'occasion de travailler sur des documentaires, des directs, des prime-times, des émissions musicales, des programmes pour Roland-Garros, des publicités, des clips, des longs et courts-métrages, de belles cérémonies telles que les Molières ou encore sur une fameuse émission quotidienne de divertissements pendant trois ans (décidément cette durée de trois ans me poursuit!) avec un animateur qu'aucune séance de méditation n'aurait calmé… un certain Cyril Hanouna! Mon parcours dans le monde des médias a été semé de quelques embûches, mais chaque mission ou émission m'a apporté tant d'expériences, aussi bien humaines que professionnelles.

Vingt-trois ans plus tard, je suis productrice et à la tête de ma propre société de production et d'événementiel. À aucun moment, le fait d'être Lama n'a été un obstacle à ma crédibilité professionnelle et, inversement, lorsque je séjourne dans les monastères, le fait d'être productrice n'entache en rien mon rôle de Lama. L'équilibre entre vie active et vie méditative est parfait.

On me demande souvent comment j'arrive à concilier ces deux univers qui peuvent, en apparence, sembler opposés. Comment naviguer entre ces deux mondes parallèles tout en gardant un équilibre de vie juste et sensé ? À bien y réfléchir, je pense que le pont entre la méditation et la production se résume pour moi, en un seul mot : « créativité » ! Je suis persuadée que la méditation renforce cette capacité, déjà très développée chez moi. Mes pauses méditatives quotidiennes m'apportent de nouvelles idées, toutes plus riches les unes que les autres. Des envies d'écriture, de peinture, de dessin, de chant, de théâtre, de films, d'événements : une réelle curiosité artistique... La méditation développe chez moi cette inspiration créatrice que j'utilise ensuite auprès des médias avec lesquels je travaille, ou pour les événements que je produis.

Je me sens vivre et vibrer lorsque je suis amenée à créer. Une créativité que je ne peux peut-être pas totalement exprimer en restant assise sur mon coussin !

Mais la créativité n'est-elle pas aussi une forme de méditation ? Cette capacité à transformer les choses, à les amener plus loin, à envisager des solutions nouvelles et différentes, à sortir des sentiers battus, ce que les Anglo-Saxons appellent « to think outside the box », « penser au-delà de la petite boîte » ? Cette petite boîte pourtant illimitée...

Le grand écart entre ces deux sphères m'enrichit et m'apporte une immense liberté qui s'ajoute peut-être à celle développée par la méditation. Vivre dans les monastères en Asie, entourée majoritairement d'hommes, et me retrouver sur les plateaux de télévision à forte concentration de testostérone ne me dépayse finalement pas. Je ne fais d'ailleurs absolument aucune différence entre le monde des paillettes et celui de la haute sphère bouddhiste. Mes longues heures de silence auront certainement contribué à développer cette capacité d'adaptation et une ouverture d'esprit nécessaire pour évoluer loin des monastères et de mes repères. Je suis finalement comme un poisson dans l'eau au monastère et j'éprouve cette même sensation sur un plateau télé.

Comme on peut l'imaginer, il n'est pas rare de voir des choses un peu déconcertantes dans les coulisses du petit écran, mais j'ai toujours su garder mon libre arbitre, mon propre discernement et appréhender la distance nécessaire pour ne jamais déroger à mes valeurs. Refuser toutes sortes de déviances ne me demande finalement aucun effort car jamais, je n'ai été tentée de tester quoi que ce soit. Au grand désespoir de certains, la base saine et solide de mon adolescence n'a jamais fait place à une débauche possible ; je dirais même que cette idée a toujours été inenvisageable, voire inconcevable !

Sur certains tournages un peu compliqués, il m'arrive de me retrouver seule face à un animateur en furie, pour tenter de l'apaiser avec mes mots, des mots justes et rassurants. Dans ces moments-là, ce n'est pas la productrice qui parle mais bien le Lama ! Cet exercice n'est pas toujours évident, mais la colère ne m'impressionne pas et ma patience peut être redoutable face à une situation conflictuelle.

En vingt-trois ans, j'ai collaboré avec plus de deux mille intermittents du spectacle avec qui je garde un lien particulier malgré le temps et la distance qui nous séparent. « Humanité et Bienveillance » sont les deux mots que mes équipes utilisent pour me définir alors que certains patrons préféreraient que l'on parle de « Rentabilité et Performance ».

Et pourtant… Je suis certaine que la bienveillance peut très bien engendrer de la rentabilité au sein d'une équipe motivée, enthousiaste et harmonieuse.

À mes débuts, certains dirigeants m'ont reproché d'être « trop humaine » et conseillé de changer si je voulais évoluer dans ce milieu. L'un d'entre eux avait l'habitude un peu particulière de me convoquer à la fin des tournages et ordonnait, sur un ton directif : « Ça, tu dégages ! » Il parlait alors d'un technicien qui avait eu le malheur de faire une image floue pendant le direct, ou du réalisateur qui avait diffusé un plan de l'animateur qui ne le mettait pas assez en valeur !

« Ça », pour un humain ! Quel manque de respect ! Jamais sur ordre du patron, je n'ai renvoyé personne, demandant systématiquement d'être virée la première !

Une autre année, l'une des sociétés de production avait décidé d'offrir une prime de Noël aux équipes d'une émission spéciale dont je faisais partie. Notre stagiaire refusait de rentrer chez lui le soir et restait à nos côtés jusque tard dans la nuit pour finaliser les préparatifs de cet enregistrement. Lorsque je demandai au directeur général d'accorder cette même récompense à ce jeune stagiaire volontaire qui ne gagnait que 436 euros par mois, ma demande fut refusée ! Il était inconcevable pour moi de bénéficier de ce privilège alors que les efforts de ce jeune, dynamique et enthousiaste, qui ne comptait pas ses heures, n'étaient jamais reconnus à leur juste valeur. Révoltée par cette injustice, je décidai de lui verser la totalité de ma prime.

Dès mon arrivée dans les médias, des contrats en CDI m'ont été proposés. Mais en rebelle affirmée et confirmée, j'ai toujours répondu que ma liberté ne pouvait s'acheter ! Alors que ce serait un rêve pour certains, j'aurais vécu cela comme une contrainte qui aurait nui à ma créativité. Ainsi, je suis libre de quitter cette grande famille à tout moment et en même temps, le fait d'être intermittente du spectacle me demande un professionnalisme indéfectible et une créativité sans cesse innovante si je veux perdurer dans cet univers que j'apprécie encore énormément.

Chaque partie est donc gagnante et, depuis toujours, de plus grandes opportunités s'offrent à moi face à l'inconnu. Je ne suis jamais rentrée dans un cadre et ne trouverai jamais ma place dans un carré. J'ai besoin de liberté et de possibilités infinies. C'est ainsi que j'ai fait le choix de vivre. En toute liberté dans l'insécurité, plutôt que ficelée dans la sécurité ! Ce mode de fonctionnement me demande sans cesse de sortir de ma zone de confort, si toutefois j'en avais une ! En fait, je ne suis même pas certaine de pouvoir définir les limites de ma zone de confort tellement je fonce dans la vie à la moindre occasion.

Je sors sans cesse du cadre, toujours hors champ, imprévisible et insaisissable.

Aucun challenge, aucun objectif ou prise de risque ne m'arrête ! Je suis encore plus obstinée que ma petite voix intérieure. Je ne l'écoute jamais. Je fonce sans jamais laisser le temps à cette petite voix de prendre sa respiration. Je ne lui octroie pas une seconde qui lui permettrait de tenter de me raisonner. Impossible pour elle de me faire peur ou de me faire douter. Je dis toujours « oui » à l'opportunité qui m'est offerte et ensuite je mets tout en place pour réussir. Cet aspect de ma personnalité a été renforcé par toutes ces heures de méditation qui ont quelque peu effacé la peur de l'inconnu, une peur remplacée par l'envie et la capacité à m'adapter.

S'il me manque des connaissances dans un domaine, j'approfondis. Lorsque je suis invitée à participer à une émission de télévision ou de radio en tant que Lama, je m'investis. Si je ne connais pas un sujet, j'étudie. Si j'ai besoin de créer ou de préparer une conférence, j'écris pendant des heures et prends des cours d'improvisation afin d'être à l'aise sur scène… Ainsi, je suis en apprentissage perpétuel. C'est tellement plus agréable d'étudier et de s'enrichir intellectuellement lorsque l'on sait pourquoi on le fait !

Mon métier m'amène à rencontrer des artistes aux talents multiples, français ou de renommée internationale, et il m'arrive d'avoir de réels coups de cœur artistiques.

L'exigence de certains, la plume, la voix, le charisme, le professionnalisme, le talent ou l'humour de quelques autres touchent la créativité qui me parcourt depuis toujours.

Il est impossible d'oublier les images et scènes toutes simples alors que j'entre dans la vie de ces personnalités, dans leur intimité. La vulnérabilité de certains me touche véritablement.

Un jour de printemps, j'ai rendez-vous chez un artiste qui m'impressionne tant par son talent que par sa personnalité. Auteur, acteur, réalisateur, metteur en scène, scénariste, humoriste… Que vais-je bien pouvoir lui apporter de plus ?

J'arrive avec quelques minutes d'avance à l'adresse que j'ai reçue par SMS. Je sonne à l'interphone, mais n'obtiens aucune réponse, juste un bip qui m'indique que quelqu'un m'attend. Je ne suis pas habituée à me rendre au domicile des artistes ou en tout cas, pas le tout premier jour d'une mission ! Je grimpe les marches deux à deux. Plus je monte dans les étages et plus je suis bercée par les notes de musique qui résonnent au loin. J'arrive enfin sur le palier et pousse la porte entrouverte sans même frapper. Je ne veux surtout pas interrompre l'artiste dans la composition musicale qu'il semble improviser au piano mais qu'il maîtrise à merveille. Je traverse le salon lumineux sur la pointe des pieds, portée par la mélodie rythmée et dynamique. Le parquet craque sous mes pas alors que je n'ai même pas posé mes talons sur le sol. Plus le plancher grince et plus je rougis. L'homme se retourne entre deux notes, le temps d'un silence, et ses grands yeux bleus me dévisagent de la tête aux pieds. Un silence qui me semble durer une éternité. Un silence comme je les aime… léger, voluptueux, raffiné, doux, libre…

Je reste debout, appuyée contre la table en bois, lui souris mais j'attendrai patiemment la fin de cette magnifique composition pour le saluer. La dernière note résonne sur le clavier, sans un mot. L'écho se prolonge, s'envole, s'estompe et disparaît dans la pièce.

Le producteur artistique nous présente enfin et ajoute, comme s'il cherchait à me rassurer alors que tout avait déjà été dit dans le premier regard :

« T'inquiète, il faut juste un peu de temps à Nico pour qu'il t'adopte ! »… Depuis ce jour, je considère cette rencontre avec Nicolas Bedos comme un immense coup de cœur artistique tant il m'impressionne chaque année lorsque nous collaborons pour la Cérémonie des Molières. Ces longues semaines de travail sont à chaque fois intenses et débordantes de créativité.

Je suis extrêmement reconnaissante envers ces artistes et personnalités, ces stars du petit et du grand écran, ces animateurs et producteurs, ces chanteurs et comédiens qui me font entrer dans leur vie en toute confiance, ne me cachant jamais leur vulnérabilité, leurs doutes et parfois leurs larmes.

Jamais je ne trahirai leur confiance ! Jamais je ne dévoilerai ces instants vécus sans filtres…

Tout comme ceux que je passe avec les personnalités médiatiques, je partage les mêmes moments privilégiés avec certains grands maîtres tibétains reconnus internationalement. Ces grands méditants me confient leurs secrets, leurs états d'âme, leurs frustrations, leurs émotions, me dévoilent leurs ressentis mais aussi leur tristesse…

Je ne juge aucun statut, aucune colère, aucune amertume, aucune larme et ne considère pas la vulnérabilité comme une faiblesse mais au contraire, comme un témoignage de confiance. Ainsi, lors de nos échanges, je me réjouis de leurs belles réussites et les soutiens dans leurs projets. Nous sommes tous finalement des êtres humains avant d'avoir un nom, un titre, une étiquette, un statut social…

Des monastères aux plateaux, j'accorde une place toute particulière à l'amitié et suis extrêmement fidèle envers les personnes qui me sont chères. Sur certaines émissions, je me retrouve à la tête de quatre-vingts louveteaux que je protège contre toutes inégalités salariales ou sociales. Une louve en toutes circonstances qui se transforme en tigresse lorsqu'il s'agit de défendre une injustice !

Tantôt confidente, tantôt Lama, parfois infirmière des cœurs ou banquière sans intérêts, je ne saurais finalement choisir entre l'un de ces petits noms que mes collègues ou amis taquins s'amusent à me donner des monastères aux plateaux télé.

8 - Et l'amour dans tout ça ?

Jade, j'attendrai que tu grandisses pour te parler d'amour et ne m'attarderai que sur une rencontre. La rencontre avec celui qui deviendra ton papa.

Au cours de l'année 2004, alors que je travaille à la préparation d'une nouvelle émission musicale quotidienne pour France 5, une équipe technique de soixante intermittents du spectacle nous rejoint pour passer l'année avec nous. Le concept est innovant et nous demande à tous flexibilité et réactivité.

C'est en quelque sorte une famille qui se retrouve chaque jour pour passer quatorze heures ensemble entre la préparation de l'émission « Cult » et le direct du soir. Le rythme soutenu des tournages qui se terminent tard chaque soir aura des répercussions sur la vie privée de certains d'entre nous. Alors que les liens professionnels se tissent, nos relations personnelles se déchirent plus vite que prévu. Mon univers professionnel devient finalement le lieu de vie qui me rend heureuse et épanouie, loin des tensions que je retrouve la nuit, lorsque je rentre chez moi. Le fossé se creuse et je terminerai l'année par une séparation.

Pour mieux comprendre ce divorce, il faut savoir que dix ans plus tôt, j'avais dit « oui » à un homme, croisé en Asie, qui était venu me retrouver à Paris. Nous nous étions mariés en catastrophe pour qu'il ne soit pas expulsé de France, seulement trois mois après notre rencontre, sans avoir bien sûr eu le temps d'établir un quelconque contrat de mariage... Tout s'était décidé si vite, dans une certaine urgence, certes teintée d'insouciance. Une pure folie, ces dix ans de mariage caché ! Ses parents lui avaient promis de se suicider s'il quittait, un jour, le monastère pour une femme ! Quelle douce promesse alors que dans le bouddhisme tibétain pourtant, il est possible de rendre ses vœux de moine pour se marier. Ce concept étant plus accepté en Occident qu'en Orient, il avait voulu garder ce secret pendant ces dix années passées entre la France et l'Inde. Il me fit croire qu'un jour il accepterait d'être père, ce qui ne fut jamais le cas. Cacher un mariage était facile, mais dissimuler un enfant aurait été impossible d'après lui ! Il m'a ainsi trimballée d'excuses en excuses pendant ces dix ans. Du haut de mes vingt-deux ans, j'étais totalement naïve dans ce domaine.

Ce mariage n'aura finalement été qu'un long, très long moment de solitude durant lequel j'ai développé patience et tolérance... laissant de côté rancœur et rancune inutiles.

Au cours de ma dernière année d'engagement marital, je croisais presque quotidiennement un cameraman sur les tournages de « Cult ». Pendant les pauses, j'aimais m'asseoir à côté de sa caméra posée au sol alors qu'il était plongé sur l'écran de son archos sur lequel la série « 24 heures chrono » tournait en boucle. Si je voulais décrocher un sourire de la part de ce technicien un peu distant, il fallait que je mette en place une stratégie digne de Jack Bauer. Je décidai donc de le rejoindre... dans la série ! Pour cela, je visionnai les quatorze épisodes pendant tout le week-end, sans faire de pause, pour arriver à jour le lundi, la tête remplie d'intrigues et les yeux un peu fatigués ! Mon intérêt soudain pour Jack Bauer le fit rire. Plus tard, mon grain de folie le fit chavirer.

Après des semaines de discussion et la découverte de notre passion commune pour les enfants, je demandai le divorce alors que je refusais jusqu'à présent tout baiser de la part de cet inconnu ! Entière et intègre, il m'était inconcevable de jouer sur deux tableaux en même temps, la fidélité étant primordiale à mes yeux, à mon cœur. J'avais demandé le divorce du jour au lendemain, expliquant simplement que j'avais eu un coup de cœur pour un certain inconnu…

Ce divorce, je le paie encore aujourd'hui à cause d'une soulte que je verserai à mon ex-mari pendant dix-sept ans. Mais de cette mésaventure, je garderai simplement le mot aventure, pour ce que j'ai vécu !

Un an après cette rencontre « Jack Baueresque », notre petite Jade naissait. Cette magnifique petite métisse représente un vrai trait d'union entre son père et moi. Mon cœur était passé d'un antipode à l'autre, de l'Asie à la Martinique !

Ce 5 septembre 2006, je devenais maman pour la première fois…

Quelle joie immense et intense d'accueillir ce petit être délicat et gracieux. On nous laissa quatre heures comme ça, toutes les deux, en tête à tête, pour faire connaissance. Je passai le reste de la nuit à contempler chaque centimètre de ce corps tout chaud allongé sur mon ventre comme si elle ne voulait pas s'en éloigner. Aucun mot n'aurait pu décrire à ce moment précis cette fusion instantanée, l'union de nos deux vies. L'osmose soudaine et évidente nous liait désormais pour une vie entière.

Les huit kilos pris pendant ma grossesse s'envolèrent avec les feuilles d'automne. Je m'accordai une année rien que pour m'occuper de ce bébé tant désiré que je posais méticuleusement sur mon giron lorsque je méditais chaque jour. Jade était bercée par les mantras, la lecture de mes textes tibétains et la douceur d'être toutes les deux alors que son papa travaillait énormément et souvent loin de Paris.

Le 27 août 2008, nous passons la matinée tous les trois. Ce déjeuner de 12 h 30 avec le père de Jade sera notre dernier repas en tête à tête… notre dernier moment d'insouciance heureuse.

Je lui fais part des cauchemars répétitifs qui hantent mes nuits depuis quelque temps, dans lesquels je perds mes dents, toujours les mêmes. Chaque nuit, le même cauchemar persiste et me réveille en sursaut. Chez les Tibétains, ce genre de rêve n'annonce pas forcément une bonne nouvelle. Les journées sont tout aussi agitées. Les installations électriques sautent, l'écran de télévision explose, le volet roulant électrique de la grande baie vitrée ne s'ouvre plus, mon ordinateur rend l'âme sans raison… Ce déferlement d'incidents techniques qui se manifestent depuis deux jours me dépasse. Bien que très terre à terre, n'interprétant jamais aucun signe, les éléments matériels qui se déchaînent sans raison apparente m'interpellent.

Il est 13 h 30, la porte se referme sur un ton joyeux et ces trois petits mots « à ce soir »… Je ressens soudain une immense tristesse inexplicable.

Vers 21 heures, ma grand-mère paternelle m'appelle pour me dire que le Dalaï-Lama, que nous avions vu deux semaines plus tôt à Paris, lors d'une interview filmée par le père de Jade, était hospitalisé en Inde pour grosse fatigue. Le téléphone retentit à nouveau alors que je viens à peine de raccrocher. Un coup de fil que j'aurais aimé ne jamais recevoir… C'est Hacène, l'assistant-réalisateur qui travaille aujourd'hui sur la même émission que le père de Jade. Il m'annonce très calmement que les pompiers viennent de quitter le plateau de télévision de la Porte de la Chapelle pour emmener le père de notre fille à l'hôpital Delafontaine à Saint-Denis. Il aurait fait un malaise en fin d'enregistrement. Les explications ne sont pas claires. Il est avec lui mais n'en sait pas plus ! Je préviens ma mère en urgence pour qu'elle vienne s'occuper de Jade qui s'est endormie, et mon frère pour qu'il m'accompagne en banlieue parisienne, dans le 93.

Je quitte l'appartement à 21 h 30 et nous arrivons à l'hôpital avec mon frère à 22 h 30. En chemin, le médecin m'appelle pour me demander de venir au plus vite, mais il refuse de me donner plus de détails malgré mon insistance. Je ressens une certaine tension dans sa voix. L'angoisse monte. Mais très vite, je me demande comment nous ferons pour repartir tous les trois dans la Smart de mon frère.

Hacène m'attend dehors pour que je prenne le relais. Il me quitte dans la nuit, le visage sombre, mais n'a pas été autorisé à en savoir plus. Je traverse la salle d'attente glauquissime dans laquelle les poivrots qui gémissent ont rendu tout le vin de leur soirée sur le sol glissant. Mon frère restera là.

Je suis le médecin dont je ne comprends pas l'accent et encore moins les mots qu'il prononce. Je me retrouve debout devant le père de ma fille. Il est allongé, les yeux révulsés. Sa jambe droite ne cesse de trembler, l'autre partie du corps est inerte. Je ne comprends pas la scène ! M'entend-il ? Est-il conscient ? Souffre-t-il ? Je lui parle. Je n'aurai aucune réponse de sa part. Il gémit. Je recule. J'ai froid et peur.

« Je suis désolé, mais nous avons tout tenté et c'est thrombolyse avec échec », me dit, dans un français très approximatif, le remplaçant du médecin-chef, encore en vacances en cette fin août ! Je suis stupéfaite, non par l'annonce, mais par la scène. Je n'ai aucune notion de ce que veut dire « thrombolyse », mais voir ce corps inerte et pourtant parcouru de secousses incontrôlées me retourne le cœur ! Le médecin m'isole pour me dire qu'il va le garder là jusqu'à la fin.

Jusqu'à la fin de quoi ? La fin des examens ? La fin de la nuit ? La fin du mois d'août ou de l'été ?

À ce moment-là, une rage intérieure me prend ! Je veux comprendre. Je sors quelques minutes pour passer un appel en Martinique. J'annonce à ma belle-sœur infirmière que son frère est hospitalisé et lui demande des explications médicales. Elle me fait répéter les termes que j'ai entendus, plusieurs fois, jusqu'à ce que je doute même des mots que je prononce approximativement. En raccrochant, je prends conscience de la gravité de la situation, une situation qui m'échappe, mais à laquelle je me dois de trouver une issue. C'est la première fois de ma vie que j'entends les lettres AVC : Accident Vasculaire Cérébral. Ces trois lettres que je n'oublierai jamais, et qui représentent à mes yeux une souffrance sans nom !

J'avais vu la mort en face, en Inde et ailleurs, mais jamais la « demi-mort » ou l'agonie !

Je compris très vite que les minutes étaient comptées au-delà de la première heure d'AVC. Un caillot empêchait le sang de circuler dans le cerveau et chaque seconde écoulée rendait les séquelles de plus en plus lourdes, de plus en plus incertaines, de plus en plus mortelles.

Contre l'avis du médecin, je décidai de le faire sortir de ce lieu sordide pour tenter le tout pour le tout. Je pris son sac et sa veste. J'étais déterminée à le ramener, je ne sais comment, dans la Smart de mon frère. J'étais prête à le porter, le plier, le recroqueviller, l'allonger, le traîner jusqu'au parking pour le faire rentrer coûte que coûte dans cette voiture miniature, et partir avec lui loin de ce lieu sinistre. Voyant ma détermination et comprenant que j'étais vraiment prête à tout, le médecin appela un ambulancier qui partit en urgence devant nous pour un transfert à l'hôpital Lariboisière, à côté de la gare du Nord.

Il est minuit et demi quand mon frère et moi, nous nous garons. Le père de Jade est déjà en soins intensifs.

J'attendrai 4 heures du matin pour avoir des nouvelles de vie… ou de mort. Plus le temps passe et plus j'ai des nausées. La mort rôde au sous-sol de cet hôpital. Le long couloir sent l'absence de vie. Le bouton de l'ascenseur indique le mot « morgue », c'est aussi là, dans les sous-sols, que sont prodigués les soins d'extrême urgence. Plus on descend et plus je me sens fébrile. Nos pas résonnent dans le silence pesant. La lumière des néons rend ce lieu glacial.

Mon frère ne me quittera pas de la nuit, m'accompagnant à chaque fois que je remonte à la surface pour téléphoner à la famille inquiète, mais impuissante à l'autre bout du monde. Je monte et descends pendant de longues heures, appuyant régulièrement sur l'interphone de garde pour demander des nouvelles. Des appels qui restent sans réponse.

À 3 h 30, deux policiers nous rejoignent. L'un d'entre eux appuie sur ce même bouton, à côté de la porte d'entrée des soins intensifs et s'identifie. La porte s'ouvre, un infirmier sort et tend un sac de vêtements. Des chaussures dépassent. Ces deux hommes sont là pour constater et signer une attestation de décès puis s'éloignent doucement. Je crois qu'à ce moment précis, sous le choc, j'aurais pu m'évanouir. Je fixe les lacets des chaussures qui pendent dans le vide… Même si la vie ne tient qu'à un fil, je ne suis pas certaine que ce soit les siens ! Je ne les reconnais pas. Je me lève et demande si je peux voir le père de ma fille. J'espérais que les policiers ne se retournent pas. Ce fut le cas. L'infirmier repart sans un mot, dans ce service de la vie ou de la mort.

À 4 heures, la porte vitrée s'ouvre à nouveau. Le regard du médecin est grave. Je me précipite pour avoir des nouvelles et il me dit, sans jamais me regarder dans les yeux : « J'ai tout tenté. Comme il est jeune, j'ai doublé la dose pour dissoudre le caillot de sang bloqué dans le cerveau. Il a résisté à cette double injection mais partira cette nuit d'une hémorragie en réaction à cette surdose ! Je suis vraiment désolé ! »

Je lui demande alors de me laisser entrer pour rester à ses côtés jusqu'à la fin, même si je ne crois pas un instant que c'est terminé. Ma demande est refusée. Je n'aurai pas le droit d'accéder à ce service de soins intensifs et suis reconduite à l'ascenseur. Je m'effondre en même temps que la porte se referme.

Mon frère me raccompagne dans un silence absolu. Je suis abasourdie ! Ma mère m'attend dans le salon, il est 5 h 30, je suis exténuée. Dévastée mais très lucide. J'appelle une amie qui se trouve en Inde afin qu'elle prévienne un grand maître tibétain pour que des prières soient faites au plus vite dans le monastère. Prier. Qu'aurais-je pu faire d'autre ?

Je passe de longues heures au téléphone avec sa famille en Martinique mais à aucun moment je ne pense que cela puisse se terminer comme ça, si vite. À 8 heures, le téléphone sonne alors que je n'ai pas fermé l'œil de la nuit. Le médecin m'annonce que le père de ma fille est toujours en vie, mais qu'un œdème s'est créé suite à l'AVC, et que les heures sont désormais comptées. Je me précipite à l'hôpital et suis reçue par huit médecins et infirmiers qui m'attendent dans une petite salle en rien chaleureuse.

L'annonce est aussi froide que directe : « Il lui reste 24 à 48 heures à vivre ! » me lance le médecin-chef, avant de m'expliquer que l'œdème grossit à vue d'œil et qu'il finira par compresser la boîte crânienne !

J'aimerais tant me réveiller et tout oublier de ce cauchemar qui me semble interminable.

« Nous vous proposons deux solutions : la première, le laisser partir ! La deuxième, nous lui retirons la boîte crânienne droite pour voir si l'œdème se résorbe… Suite à cela, il y a trois options :

1) Il ne supporte pas l'intervention délicate et décède pendant l'opération.

2) Il se réveille avec des séquelles telles qu'il pourrait être tétraplégique à vie et communiquer en n'utilisant que le battement des paupières.

3) Il se réveille avec des séquelles que nous ne pouvons anticiper. »

Je demande à sortir pour appeler sa famille en Martinique afin qu'elle prenne la décision pour lui, pour moi. Je ne peux imaginer un instant la prendre à la place de ses parents... Cette responsabilité me dépasse et je ne veux pas avoir à décider de la vie ou de la mort de quelqu'un ! Mais les médecins refusent que je quitte la pièce, estimant que le temps est compté. Si je prends l'option opération, il faudra agir très vite. Je sens leurs regards omniprésents mais pourtant remplis de compassion et d'empathie envers moi...

Je ferme les yeux pour me couper de toute pression, toute orientation, toute incitation, toute influence. Je puise dans ma réserve de force intérieure pour aller en chercher encore un peu. Cette force, cette sérénité, cette clarté dont j'ai tant besoin pour répondre.

Je me rappelle qu'un jour, alors que je demandais à un grand Lama tibétain quelle option je devais choisir entre deux possibilités qui s'offraient à moi, il me répondit qu'en tant que Lama moi-même, j'avais la réponse en moi. Il avait refusé d'influencer mon choix.

À ce moment précis, j'ai une vie entre les mains, et je dois prendre une décision qui sera bonne pour lui ! La meilleure solution parmi un choix que je trouve pourtant réduit. Celui que je ferai me suivra toute ma vie...

Que dirai-je à ma fille plus tard : que j'ai laissé partir son père ? L'idée de cette phrase m'est déjà insoutenable et jamais je ne pourrai l'assumer vis-à-vis d'elle.

J'annonce alors aux médecins que je choisis l'opération de la boîte crânienne.

À peine ai-je prononcé le mot « opération » que le médecin-chef appelle le bloc pour prévenir de l'arrivée d'un patient entre la vie et la mort. Je me rends dans sa chambre et, étrangement, je ne ressens aucune gravité en le voyant. Certes il a du mal à parler, mais il me dit en ouvrant les yeux : « J'ai très mal à la tête. Qu'est-ce qu'il se passe ? »

Je lui prends la main et le rassure avec douceur, avec mes mots, avec mon regard. À aucun moment l'expression de mon visage ne lui montre la moindre anxiété, tristesse ou peur. Je souhaite simplement que ces moments ensemble, peut-être les derniers, soient les plus rassurants possible. Je le suis jusqu'à la dernière porte avant le bloc et lui parle de Jade en même temps qu'il roule à travers les longs couloirs. Je le quitte en lui disant : « À tout à l'heure. »

Il est 20 heures, l'opération aura duré six heures ! Cet après-midi-là, des dizaines de personnes passèrent de longues heures à attendre à mes côtés, dans le jardin de l'hôpital. Ma famille, mes proches, nos amis, collègues, tous se sont mobilisés.

Deux jours après l'opération, la boîte crânienne droite s'infecta alors qu'elle avait été placée en nourrice dans son ventre dans le but de la réintégrer plus tard. Il fallut l'opérer à nouveau en urgence pour la retirer, puis attendre quelques jours avant de constater les premières séquelles.

Hémiplégie gauche. 60 % du cerveau droit détruit par l'AVC. L'élocution et la mémoire devraient revenir doucement. Le caillot, lui, serait là à vie, comme un compagnon de route qui lui rappelle que sa vie est en sursis… Le moindre déplacement de ce caillot pourra être fatal !

Neuf jours après l'AVC, nous fêtons rapidement les deux ans de notre fille, dans la chambre d'hôpital. Le médecin a accordé une visite de quinze minutes à Jade pour que son papa, très affaibli, puisse entrouvrir les yeux, le temps qu'elle souffle ses deux bougies. Ces quelques instants lui demandèrent un effort surhumain d'attention.

Je passai les onze mois suivants à ses côtés. Trimballé d'hôpital en hôpital, de service en service, d'examens en examens, d'opération en opération… C'est là que je découvris l'envers du décor des hôpitaux et pris conscience de l'importance d'accompagner avec la plus grande vigilance une personne affaiblie par la maladie ou un accident. J'étais à l'hôpital de 8 heures à 21 heures chaque jour, j'assistais à tout, j'apportais de la nourriture en cachette, décorais les murs de sa chambre de photos de tous ses proches et tenais un planning de visites qui ne comptait pas moins de 280 visiteurs sur les onze mois d'hospitalisation.

J'organisais des roulements pour qu'il ne soit jamais seul et avais obtenu l'accord du médecin-chef pour qu'il rentre chez nous en ambulance tous les vendredis soir à la seule condition que je lui fasse les piqûres quotidiennes moi-même et que je lui change sa poche urinaire jour et nuit pendant tout le week-end.

À 19 heures, tous les vendredis, j'endossais ma blouse d'infirmière ! Je passais alors des couches de ma fille de deux ans et demi à celles de son père. Je mixais la nourriture pour éviter toute fausse route et le faisais manger. Les ergothérapeutes m'avaient montré comment le faire pivoter de son fauteuil roulant pour l'asseoir sur la planche transversale en plastique placée au-dessus de la baignoire pour envisager une pseudo-douche acrobatique. Soulever 90 kg quand on n'en fait que 42 demandait quelques efforts à mon dos mais les infirmières m'avaient appris les bons gestes.

Jamais je n'ai été préparée à vivre ce genre de situation, mais à aucun moment je ne me suis posé de questions. Mes gestes étaient précis, mes états d'âme mis de côté et mes peurs en pause. Je ne pensais à rien, j'agissais ! De quoi sera fait demain ? Mieux valait ne pas y penser. Quelle sera sa vie ? Comment la vivra-t-il une fois les antidépresseurs arrêtés qui lui font, le temps d'une longue parenthèse, oublier sa souffrance actuelle ? Comment accepter de passer de cameraman superactif à un homme de quarante-sept ans, anéanti par trois simples lettres et se résigner à rester dans un fauteuil roulant pour le reste de ses jours ? Comme la vie est injuste parfois, souvent même…

Alors que cette force de la nature n'a jamais bu une goutte d'alcool ni fumé la moindre cigarette, pourquoi ce tsunami est-il arrivé dans sa vie, dans notre vie ? Ai-je pris la bonne décision ? Se retrouver prisonnier de son corps, est-ce finalement l'option qu'il aurait choisie ? Pendant longtemps, très longtemps, il m'a reproché d'avoir fait le mauvais choix ! Mais comment aurais-je pu décider de le laisser mourir ?

L'espoir était là, et la vie est là aujourd'hui ! C'était si difficile de prendre LA bonne décision, mais je ne la regretterai jamais quoi qu'il en dise.

Quand on passe onze mois dans les couloirs des hôpitaux, on devient la confidente de tous ces malades qui attendent parfois l'impossible avec espoir, me sentant parfois mal à l'aise d'être en bonne santé face à autant de souffrances. On est témoin de scènes atroces, on se familiarise avec les cris de douleur, on croise la mort un matin en se rendant dans une chambre voisine.

Chaque après-midi, je profitais de ses longues siestes pour méditer, assise sur une chaise installée au bout du lit en métal. Il était courant que des animateurs télé comme Nikos Aliagas, la gentillesse incarnée, ou Christophe Dechavanne m'appellent pour prendre des nouvelles de leur cameraman affaibli. Le téléphone sonnait plus de cinquante fois par jour. Notre univers professionnel, cette grande famille de la télé, a été d'une solidarité exemplaire.

Je pense tout particulièrement au soutien indéfectible de son grand ami, Fifi Ray, qui nous a accompagnés dans les moments les plus graves, les plus délicats, sans jamais manquer à l'appel, et qui nous a quittés très récemment. Il n'était pas rare qu'il annule une journée de travail tout simplement pour venir égayer et chahuter le cœur de son ami.

Ainsi, la présence bienveillante de nos collègues et amis nous apportait réconfort et chaleur face à la cruauté glaciale du moment. Jamais je n'oublierai ces sourires, ces mots, ces petites attentions, ces instants de rires, ces petites douceurs gustatives, ces embrassades, ces longs silences, ces « je t'aime », ces regards intenses dans cette chambre de l'hôpital Fernand Widal de la part de ces 280 personnes présentes à nos côtés.

La scène n'était pourtant pas toujours belle à voir ou facile à regarder. Je me rappelle avoir soutenu un ami proche et collègue qui avait dû écourter sa visite tellement il avait été bouleversé de voir son partenaire de tournage dans cet état. Sous le choc, il en avait vomi dans le jardin de l'hôpital !

Même si je m'y étais habituée, il faut reconnaître que la tête ovale d'un côté mais plate de l'autre rendait effectivement l'apparence de la forme du visage assez impressionnante mais aussi extrêmement fragile. Les précautions à prendre le week-end étaient draconiennes afin d'éviter tout contact avec le côté droit de la tête qui n'avait plus de boîte crânienne. Ainsi, les premiers temps, un casque en mousse fut imposé, ce qui était de toute façon plus sûr avec Jade qui s'aventurait à monter sur le lit pour voir son papa de plus près !

Forcément, elle était intriguée par toutes ces petites choses qui brillaient sur la tête, ces soixante-six agrafes qui parcouraient le crâne d'avant en arrière.

Quatre mois après l'AVC, lors d'un rendez-vous avec le neuro-chirurgien, on me présenta plusieurs boîtes crâniennes en vue de l'opération qui allait reconstituer le côté droit du crâne... Je vous avoue ne pas m'être trop attardée et je mis l'option sur une boîte crânienne en ciment Bio, sans grande conviction mais la proposition du Bio sonnait plutôt bien ! Heureusement que dans ces moments-là, l'humour ne nous a jamais quittés !

Les médecins me demandaient régulièrement si je voulais qu'ils me prescrivent des antidépresseurs, « pour plus tard », me précisaient-ils !

Ils me trouvaient anormalement joyeuse, toujours souriante, dynamique, enjouée, déterminée et beaucoup trop positive à leur goût !

« Vous en aurez besoin quand vous réaliserez que la vie ne sera plus comme avant ! » me répétaient-ils !

Je me renforçais et me ressourçais chaque fois que je méditais. Je terminais ma session avec des idées de rééducation plein la tête, des envies de le lever, de lui détacher le bras gauche pour solliciter la neuroplasticité de son cerveau. Je tentais plein de choses. Au bout de quelques mois, alors que j'avais vu le pied gauche bouger pendant un bain de pieds d'argile pris à la maison au cours du week-end, je lui faisais faire ses premiers pas dans sa chambre d'hôpital, porte fermée et bien sûr contre l'avis des médecins. Lorsque je détachais le bras gauche pour l'entraîner à tenir un crayon, les infirmiers s'empressaient de le ficeler à nouveau dans cette écharpe de mousse à velcro. Je faisais tout en cachette et malgré tout, les résultats devenaient de plus en plus probants. Certes, les séquelles seraient là à

Sur les genoux de mon père, Didier, et sous le regard bienveillant de Kalou Rimpoché. Ma mère, Chriss, est juste à côté de Kalou Rimpoché, avec mon frère bébé.

Ma mère me propose d'envoyer une photo à Kalou Rimpoché. Je retire mon chapeau et me mets en méditation. Je n'ai que 2 ans 1/2 et déjà ce réflexe.

Autour de mon cou, une photo de Kalou Rimpoché en guise de médaillon, que je ne quitte jamais.

À 3 ans, mon jouet le plus précieux est le reliquaire de Kalou Rimpoché qui contient des reliques du Bouddha.

Petit moment de détente avec Charlie, mon compagnon de retraite,
qui fait le mur pendant que je médite !

Le Château de Plaige, en Bourgogne, acheté par mes parents en 1974 et offert à Kalou Rimpoché. Les deux centres de retraite se trouvent dans la forêt derrière le château.

Bokar Rimpoché, l'un de nos principaux maîtres, nous rend visite dans le centre de retraite. Je lui présente une « kata » (écharpe de soie blanche), traditionnel signe de bienvenue.

Bokar Rimpoché prend de mes nouvelles dans le centre de retraite.
Je lui annonce que je suis très heureuse ici et que je souhaite continuer.

Une « caisse de méditation », semblable à celles où nous étions assises en retraite, jour et nuit.

Premier voyage en Inde (1992).

Deuxième voyage en Inde (1993).

Entre tendresse et complicité,
Jade, mon plus grand amour.

Entre douceur et sérénité, Jade s'endort dans les bras protecteurs de son papa.

Quelques mois plus tard, les rôles sont inversés… Jade veille maintenant sur son papa et le pousse dans son fauteuil roulant…

Jade en méditation : lumière et intériorisation.

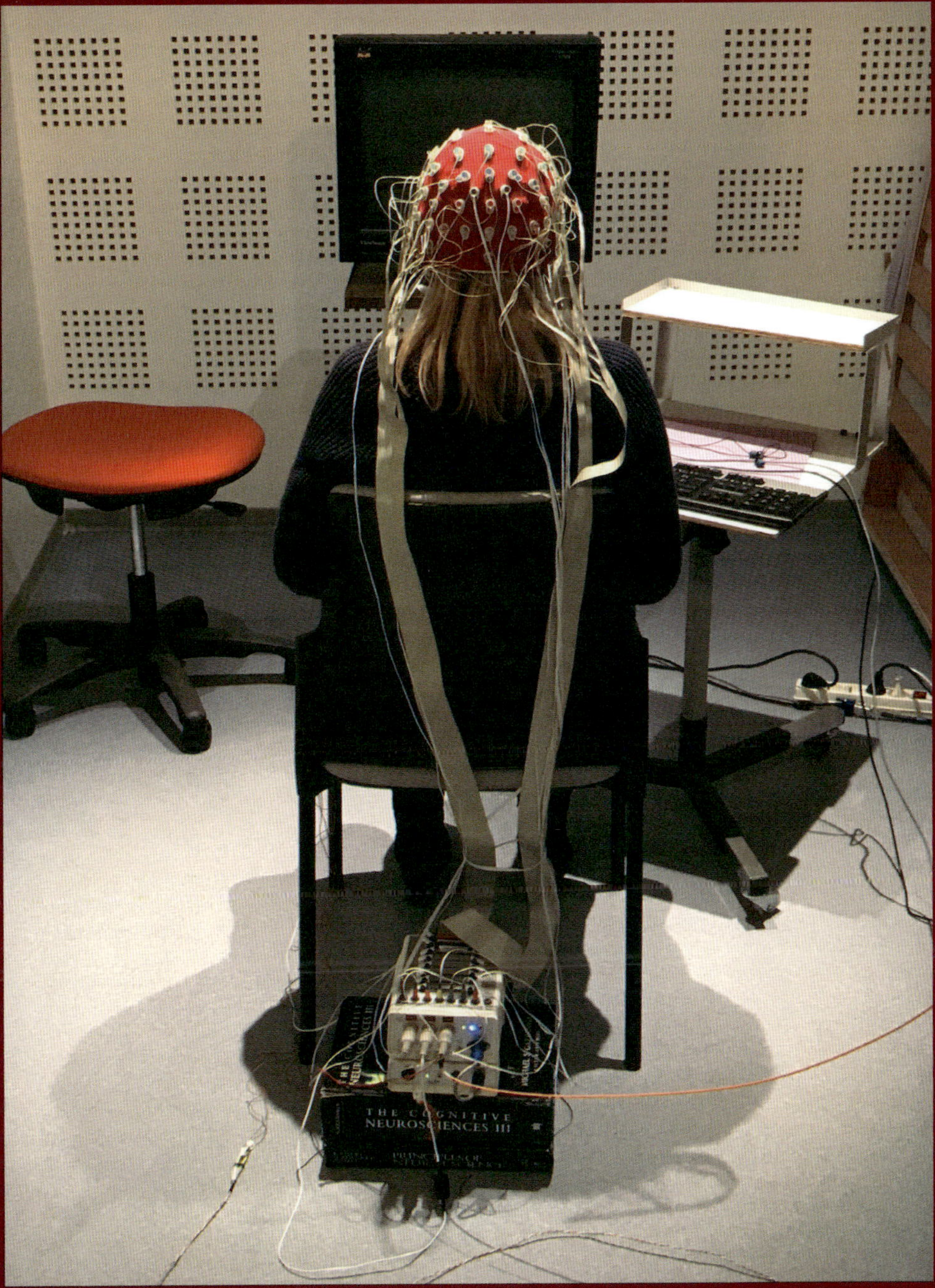

En janvier 2018, le Centre de Recherches en Neurosciences de l'Inserm de Lyon me propose de participer à des recherches sur la méditation.

Jamais mon cerveau et mon esprit n'auront été autant sollicités.

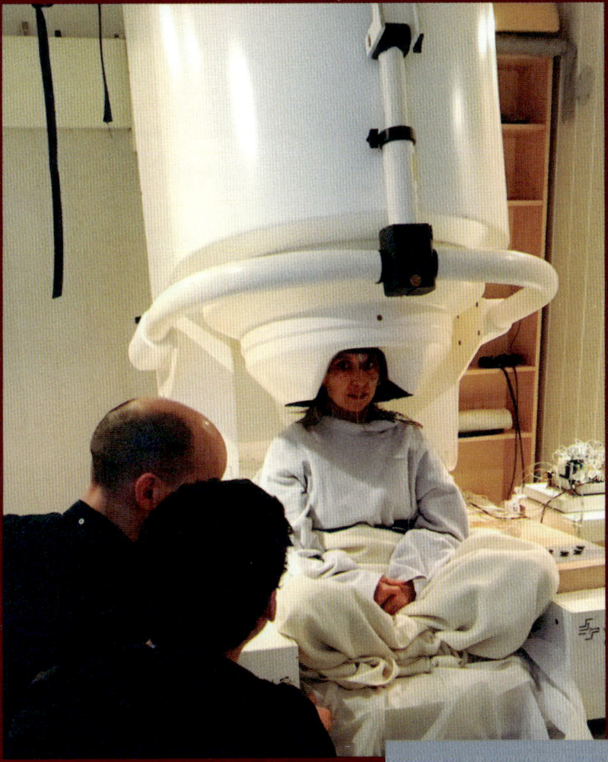

Presque aussi à l'aise
dans l'un des 4 MEG
(magnétoencéphalogramme)
de France que sur scène,
lors de conférences.

De Nicolas Bedos
à Nikos Aliagas…

… de la télévision
à de très belles rencontres.

Entre neurosciences et méditation :
de « l'un des plus grands neuroscientifiques français » (Antoine Lutz)
à « l'homme le plus heureux du monde » (Matthieu Ricard).

Quelques paroles échangées avec le Dalaï-Lama,
qui me questionne en tibétain sur ma retraite de 3 ans.

Depuis ma fenêtre, cet arc-en-ciel sera la touche finale et colorée de mon récit, petit clin d'œil à ma retraite.

vie, mais j'étais enthousiaste à l'idée que la neuroplasticité pourrait faire quelques petits miracles!

Pour cela, j'avais investigué un peu partout en France et découvert le seul centre de rééducation qui disposait d'une machine aux perspectives de récupération importante, appelée Lokomat. Cet établissement se trouvait en Normandie, à Granville. Après quelques allers-retours là-bas, je rentrai persuadée que ce dispositif de rééducation à la marche robotisée pourrait faire des prouesses.

Quelques semaines plus tard, avec un peu de patience et énormément de persévérance, nous obtenions une place dans ce centre de rééducation alors que huit cents personnes étaient sur liste d'attente. Malgré le très grand nombre de patients en attente, je ne m'étais pas arrêtée à cela.

Le séjour là-bas dura quelques semaines, puis il revint à Paris poursuivre sa rééducation dans différents établissements. Un vendredi soir à la maison, un événement imprévu aurait pu tourner au drame…

Avant de monter dans l'ambulance, l'infirmière me confie les dizaines de médicaments prescrits pour le week-end. Alors que depuis des mois, je suis à la lettre les prescriptions indiquées sur l'ordonnance, ce fameux vendredi, je préfère ne pas donner le médicament liquide qui se trouve dans un flacon transparent même s'il a l'habitude de l'avaler chaque soir. Je ne sais pour quelle raison, ce soir-là, je prends la décision de ne pas lui en donner le contenu, qui facilite pourtant l'endormissement. Au moment de tendre ce flacon ouvert, je fais marche arrière sans explication aucune alors que ce mélange ne contient habituellement que cinq gouttes pures d'un certain sédatif très fort, dilué dans de l'eau.

Ce week-end-là, en l'absence de ce médicament, il ne ferma pas l'œil de la nuit, se rattrapant la journée par de courtes siestes. Le dimanche soir alors que je le raccompagne en ambulance à l'hôpital, je demande que le liquide du flacon soit analysé. Verdict, le contenu de toute cette petite bouteille n'était autre que le sédatif pur, qui n'avait par erreur pas du tout été dilué pour le week-end !!!

Je venais d'éviter « de justesse », ou d'un mot inexplicable, un homicide à domicile s'il l'avait avalé ! Je n'ose imaginer la suite...

Certes, l'AVC avait fait des ravages sur son cerveau, se répercutant sur tout son corps... mais il ne s'est pas arrêté là ! Quelques années plus tard, ce fut sur notre vie de famille que les secousses eurent lieu.

Quoi qu'il en soit, je garde de ces années des souvenirs intenses que je n'oublierai jamais. Les moments difficiles nous montrent à quel point on peut être fort face à la souffrance et à l'adversité et que la détermination peut l'emporter face à certains avis médicaux.

Jamais je ne regretterai la décision que j'ai prise pour toi, ma petite Jade, car je n'aurais su te priver de ton papa si petite. Tu n'as aucun souvenir de lui valide, lui qui aimait tant te porter dans ses bras ! Mais qu'est-ce qu'il était heureux de te serrer fort contre lui... et si fier d'avoir une petite princesse sur qui veiller mais qu'il protégera malgré tout, de tout son cœur...

9 - De ma fille aux neurosciences !

Devenir parent ne s'apprend pas en déchiffrant un mode d'emploi Ikea que la sage-femme nous aurait remis à la sortie de la maternité au même titre que le kit « poussette-cosy-landau » !

Très vite, j'avais pris l'option de ne rien cacher à Jade plutôt que de lui mentir sur les raisons de la longue absence de son père hospitalisé. Une absence injuste et injustifiée qui ne lui rendrait jamais le papa de ses souvenirs.

Notre fille a bâti les fondations de sa vie autour de ces trois lettres incontournables « AVC » qu'elle connaît depuis ses trois ans, bien qu'expliquées maladroitement par une psychologue qui avait cru bon de comparer un AVC à « une explosion qui se serait produite dans le cerveau de son papa », schéma et encyclopédie à l'appui ! Ces quelques séances indélicates ne l'ont en rien aidée à accepter les séquelles de son papa et, au contraire, n'ont fait que renforcer la peur de la maladie et sa hantise de la mort. Ce moment incertain et absurde que pourrait provoquer ce caillot s'il décidait de se balader à nouveau dans la tête de son héros paternel.

Mais pourquoi, à seulement trois ans, devrait-on accepter la cruauté de la vie ? N'est-ce pas un concept un peu brutal pour une enfant si jeune ? Accepter... quel verbe inacceptable !

Certes, il n'est pas toujours facile de trouver les mots. Des mots justes et rassurants surtout quand la situation ne s'y prête pas. Alors j'ai essayé de nuancer et de rendre un peu plus douces les images difficiles auxquelles elle était confrontée, floutant certaines scènes, édulcorant certains moments.

Ainsi, lorsqu'elle pointait du doigt le dessus de la tête de son papa et demandait pourquoi il était parcouru par des trucs bizarres et tout brillants, je comparais les soixante-six agrafes dorées à des tout petits rails qui pourraient faire passer un train miniature. Cette explication la faisait sourire et semblait la rassurer. Mais il est certain que cet événement marquant l'a inévitablement rendue plus sensible à la souffrance des autres, créant parfois un décalage avec la vie insouciante et heureuse des enfants de son âge.

Lorsqu'au milieu de la nuit, je me levais pour aller chasser l'un de ses cauchemars persistants, il m'arrivait d'éprouver des moments de grande tristesse quant à notre avenir au bonheur incertain. Alors qu'elle se rendormait, blottie contre moi, et qu'elle posait délicatement sa main sur mon ventre, ce simple geste naturel et touchant estompait mon inquiétude, réduisait mes doutes et effaçait mes peurs. Depuis qu'elle est toute petite et sans aucune explication rationnelle, lorsqu'elle étend sa petite main sur mon ventre, je me sens instantanément apaisée. Ce doux moment de réconfort est, depuis sa naissance, notre secret à toutes les deux, un secret bien gardé que je ne me serais pas permis de partager sans son accord.

Certes, l'AVC avait laissé des séquelles sur son père, mais c'est aussi sur elle que l'impact se fit ressentir quelques années plus tard, ce qui me poussa à prendre une décision radicale au mois de juillet 2013.

Après trois ans de bons et loyaux services, je décidai de quitter la production de l'émission quotidienne « Touche pas à mon poste » pour monter ma propre société de production et d'événementiel afin de travailler à mon compte, mais surtout de chez moi.

Jade ne s'alimentait que très peu depuis ces deux dernières années et son état devenait de plus en plus inquiétant. La pédopsychiatre qui la suivait m'expliquait qu'elle n'avait pas digéré les séquelles de son père… C'était sa manière à elle de manifester sa douleur, m'avait-on dit. Mais cette explication n'atténuait en rien la dureté de la réalité. Cette année 2013 fut extrêmement difficile pour Jade et je me sentais totalement impuissante malgré mes efforts, malgré mon amour.

Il fallait agir vite pour éviter le pire, car elle s'affaiblissait à vue d'œil.

Cette situation nous a confrontées à des hauts et surtout à des très très bas pendant des années, mais cette fragilité l'a rendue forte. Nous avons tout surmonté ensemble avec le soutien et l'amour inconditionnel de ma maman qui veille sur nous en toutes circonstances, les jours de beau temps comme de tempête. Nous avons tout lu, tout essayé. Mais que pouvait-il bien se passer dans sa tête d'enfant, dans ses pensées, dans son esprit, dans son cœur pour que je puisse enfin la sortir de ses crises d'angoisse et de panique face auxquelles je me trouvais désemparée ?

Faire méditer un enfant quand il n'arrive pas à se concentrer, lui demander de faire de la cohérence cardiaque quand il peine à respirer, le raisonner quand il est recroquevillé sur lui-même, le serrer quand il tremble, le masser quand son petit corps est traversé par de fortes secousses… autant de choses que je tentais à chaque crise, mais dont le mécanisme répétitif et imprévisible me dépassait.

Pendant cette période un peu agitée, j'ai rendez-vous avec David Lefrançois, coach mental et expert en neurosciences. Quelques mois auparavant, nous avions travaillé ensemble sur une émission de coaching pour France 4 et nous nous voyions régulièrement pour écrire des séries documentaires autour des neurosciences, que l'on proposait à différentes chaînes de télévision.

Tout s'enchaîne. En mars 2016, David me propose d'intégrer l'Institut des Neurosciences Appliquées, dont il est le fondateur, afin que je sois plongée dans son univers pour rédiger au mieux tous nos dossiers. J'accepte sa proposition sans vraiment savoir où cela me mènera ni même dans quoi je m'embarque…

Je travaille sur la préparation de la Cérémonie des Molières la journée et me plonge dans les cours de neurosciences le soir. Je jongle entre les nombreuses répétitions d'artistes tels que Fabrice Luchini, Muriel Robin, Jean-Paul Gaultier… au théâtre, et me retrouve seule face à mes schémas du cerveau, certes moins glamour, que j'étale dans le bus en rentrant. Le sujet me passionne, les cours sur la neuroplasticité renforcent la conviction que j'ai par rapport à la récupération possible suite à un AVC, et je trouve enfin des réponses à mes questions concernant le fonctionnement du cerveau. Je dévore les centaines d'heures de cours au petit déjeuner et rêve des « Neurosciences de Molière » la nuit ! Je jette tout mon dévolu sur cette matière, corps et âme, comme quand on tombe en amour, diraient mes amis québécois !

Grâce à toutes ces heures de méditation, je connaissais l'esprit dans toute sa splendeur, mais je ne demandais qu'à découvrir son acolyte, le cerveau. Alors que, jusqu'à présent, je me sentais plus proche de la culture asiatique de par mon éducation au monastère, j'avais désormais ce désir de tracer un pont vers la science occidentale. David Lefrançois parlait des mêmes choses que moi, le fond était vraiment identique, mais je découvrais des termes plus scientifiques, plus modernes que ceux que j'avais trouvés dans les textes bouddhistes anciens. Ses mots étaient justes et précis, adaptés à tous et je me retrouvais parfaitement dans cette transmission dynamique et actuelle que j'utilise lorsque je suis amenée à parler de méditation ou de bouddhisme en public. J'accorde d'ailleurs une importance toute particulière à employer un langage simple, même pour évoquer des notions philosophiques profondes, sans jamais noyer quiconque sous des termes sanscrits ou tibétains. Je refuse depuis toujours tout mot « perché » qui ferait passer la méditation pour une technique ringarde pratiquée par les soixante-huitards, essayant plutôt de la rendre compréhensible aux yeux de tous. Je m'efforce de ne pas non plus utiliser de termes de pseudo-développement personnel que l'on trouve à chaque coin de rue, à chaque page des magazines dont les titres alléchants tentent de vanter les mérites de toutes sortes de techniques plus farfelues les unes que les autres. David fait partie de ces personnes qui ont la tête sur les épaules, loin de tous ces vendeurs de rêves et de ces donneurs de leçons qui me font fuir. Dès les premières heures de cours, j'ai été conquise par l'approche moderne et accessible qu'il utilise pour enseigner les neurosciences appliquées.

Ces nouvelles connaissances en neurosciences enrichissent celles que j'ai apprises dans le bouddhisme : deux approches qui se complètent sur bien des points. Elles me permettent de comprendre le fonctionnement du cerveau en général et surtout d'aider ma fille au quotidien.

Ainsi, j'appréhende différemment les crises d'angoisse de Jade, mon tout premier cobaye sur qui je prodigue mes apprentissages constants.

Ces moments que l'on redoutait tant toutes les deux se sont estompés au fil des mois et l'appétit est revenu au rythme des saisons. J'aime regarder ma fille dans les yeux, lui dire que je la trouve belle et que je suis fière de chacune de ses réussites. Elle s'est reconstruite petit à petit, doucement mais sûrement, différemment peut-être…

Mais pour rien au monde, je ne retournerai travailler à temps plein et encore moins à corps perdu au risque de perdre le précieux petit être que j'aime plus que tout.

Ses mains de pianiste sont d'une dextérité incroyable et d'une douceur extrême. Elle danse avec grâce et dessine avec finesse. Sa créativité rend ses souffrances plus légères, ce qui lui permet de les côtoyer avec plus de recul, mais la blessure est là et nous vivrons avec… À nous de transformer ces trois lettres…

AVC comme : Amour, Vie, Courage !

10 - Nos enfants pourraient être les adultes heureux de demain

Bien que mon rôle de maman soit quelque peu mouvementé, je veille à ce que l'éducation de ma fille soit à la fois positive, attentive et constructive, aussi bien sur le plan familial que scolaire.

De même, lorsqu'il m'arrive d'enseigner la méditation dans un établissement scolaire à des petits curieux de tout âge ou à des adolescents en mal de repères, j'adapte mes ateliers en fonction de l'âge des plus jeunes ou des circonstances personnelles des plus grands. J'entre dans leur monde et non l'inverse! Les plus petits méditent en marchant tout doucement et les plus réfractaires se poseront sur une musique qu'ils apprécient; ainsi je crée les ateliers en fonction des problématiques qu'ils rencontrent: manque de concentration, agitation, échec scolaire... et pour d'autres classes, ce sont tout simplement des moments de calme et de sérénité que nous partageons ensemble.

À la fin d'une séance de méditation, alors que je proposais à des enfants de cinq ans de partager leurs ressentis et leurs émotions, une petite fille leva la main et me dit en ouvrant les yeux et avec un large sourire: « Moi, ça m'a fait du bien dans mon cœur! » Cette remarque pertinente et spontanée m'a énormément touchée. Réceptifs et bienveillants, il ne faudrait pas grand-chose aux enfants pour qu'ils continuent d'entretenir ces qualités innées tout en grandissant. Mais c'est à nous, les adultes, que revient cette belle et grande responsabilité.

Donner le goût des études à ces jeunes êtres, s'intéresser à eux, éveiller leur curiosité, ne pas les comparer mais leur montrer qu'ils sont complémentaires dans un groupe, récompenser les efforts effectués, valoriser les points positifs plutôt que de relever les fautes, encourager plutôt que punir devant leurs camarades, transmettre avec enthousiasme... Autant de possibilités que les enseignants pourraient davantage accentuer pour le bien-être de leurs élèves. Bien que certains professeurs aient conscience de leur responsabilité et de l'impact qu'ils ont sur ces enfants, encore faudrait-il que l'Éducation Nationale s'ouvre et reconnaisse que les méthodes utilisées en France ne sont peut-être pas toujours adaptées ou tout au moins qu'elles pourraient être améliorées... d'où notre 44e position au classement mondial du système éducatif...

Depuis quarante ans, le Danemark est reconnu, année après année, comme étant l'un des pays les plus heureux au monde et a même été numéro 1 du classement mondial selon le rapport 2016 sur le Bonheur Mondial[1], loin, très loin devant la France, qui n'a pas de quoi se vanter de sa modeste 32e place. Ayant une partie de ma famille dans cet heureux pays nordique, ma curiosité m'a poussée à comprendre pourquoi le bonheur de mes cousins nous devance de trente et une places. On s'aperçoit, sans grande surprise, que son apprentissage commence dès le plus jeune âge. Le Danemark est en effet le seul pays au monde à enseigner l'empathie à l'école aux enfants et adolescents âgés de six à seize ans, à raison d'un cours d'une heure par semaine. L'empathie, « l'art de se mettre à la place des autres », est une notion très importante dans le système danois, tout comme dans la plupart des religions qui conçoivent que l'être

1 World Happiness Report.

humain ne pourrait pas vivre sans solidarité et sans empathie. Cette discipline devenue obligatoire dans les écoles depuis 1993 est considérée comme tout aussi importante qu'une autre matière. Elle contribuerait ainsi à rendre les élèves plus heureux dans leur vie d'adulte. Lors de ces cours d'empathie, les élèves sont invités à communiquer, à écouter et à échanger entre eux. Ils cherchent ensemble une solution commune à un problème donné à travers le dialogue et la communication.

On retrouve cette même notion dans le bouddhisme à travers la pratique de certaines méditations qui permettent de développer distinctement empathie et compassion. Ainsi, s'entraîner à faire croître l'empathie renforce la tolérance, l'ouverture d'esprit et la bienveillance aussi bien chez les petits que chez les adultes.

À l'autre bout du monde, dans les écoles fondées par Matthieu Ricard à travers son association humanitaire Karuna-Shechen, on y découvre un système éducatif inspirant fondé sur des valeurs telles que la compassion, le respect, la générosité, la bienveillance, l'altruisme…

En Inde, l'un des rituels matinaux de certains établissements scolaires consiste à recueillir l'humeur du jour des enfants. Pour ce faire, un bocal vide est disposé à l'entrée de la classe, entouré de deux tas de petites pierres blanches et noires. Chaque enfant prend un petit caillou de l'une des deux nuances pour le déposer au fond du récipient avant d'entrer dans la salle de classe. Blanc s'il se sent bien, heureux, détendu, enthousiaste ou positif… Et noir si, au contraire, il est peu motivé, fatigué, s'il ressent de la tristesse ou si un événement l'a contrarié la veille à la maison. Le professeur compte ensuite le nombre de pierres blanches et noires et ajuste le programme de la journée en fonction de l'humeur générale de la classe. Ainsi, il s'adapte aux enfants et surtout à leur état d'esprit du moment pour bien orienter son enseignement. Cette routine quotidienne est suivie de cinq minutes de méditation entre enfants et enseignants, qui permettent aux petits de se poser, se concentrer, s'unifier, se focaliser sur l'apprentissage de la journée.

Je trouve cet exercice simple et profond à la fois et je le pratique dans les écoles en France avant de commencer les ateliers de méditation. Les enfants se disent touchés que je ne me contente pas simplement et poliment d'un : « Comment allez-vous ? » en entrant dans la classe mais qu'au contraire, je m'intéresse vraiment à eux. Lorsqu'ils me répondent « bien » parce que la majorité des pierres est blanche, je leur demande de préciser, « bien, comment ? » pour qu'ils apprennent à développer leurs ressentis.

On peut aller « bien » de tellement de façons différentes, un grand bien, un petit bien, un bien fébrile, triste, un bien joyeux, stressé, contrarié, un bien courtois, un bien rieur... On devrait peut-être dire : « Décris-moi ton état d'esprit » ou « Dis-moi vraiment ce que tu ressens. » Tout en les regardant dans les yeux, d'égal à égal, j'écoute attentivement leurs réponses, leurs mots, leurs formulations, leur ton, leur voix, j'observe leur petit corps qui gesticule ou qui se pose. Il n'y a plus d'adulte, plus d'enfant et, surtout, plus aucun jugement. Juste une complicité entre deux êtres.

C'est d'ailleurs ce que je fais depuis toujours avec ma fille. Je prends le temps de l'écouter lorsqu'elle me fait part de ses joies, de ses contrariétés, de ses peurs, de ses angoisses, de ses envies, de ses émotions, de ses passions et de ses rêves...

Depuis qu'elle est toute petite, nous avons mis en place quelques rituels et établi une règle d'or en particulier : celle de ne jamais nous endormir fâchées. Ce principe me vient tout droit de mon enfance et ne m'a jamais quittée depuis. Même s'il peut sembler simple en apparence, il n'est pas toujours évident à respecter. Ne jamais nous endormir fâchées implique que nous pouvons avoir des désaccords durant la journée mais que, sous aucun prétexte et sans excuses possibles, ils ne franchiront la nuit ! Cette règle s'applique aussi bien aux petits qu'aux grands et passe inévitablement par l'apprentissage d'une bonne communication et du pardon.

S'excuser demande parfois un effort surhumain à notre ego qui ne veut surtout pas courber le dos le premier, et pourtant, à la nuit tombée, l'un des deux ego fléchira avant l'autre ! Ce n'est finalement qu'une question de temps.

Lorsque j'aborde la peur avec Jade, principale émotion qui est au cœur de ses angoisses, j'utilise différentes techniques qui me viennent des neurosciences et qui servent à atténuer l'impact que cette pensée omniprésente peut avoir sur son cerveau. Essayer de raisonner un enfant dont le cortex préfrontal, zone responsable de la pensée abstraite, du raisonnement et de la maturité émotionnelle, n'est pas totalement développé ne sert pas à grand-chose. Ainsi, lorsque l'on dit « ce n'est rien, n'aie pas peur », cette phrase ne rassure absolument pas l'enfant. En revanche, discuter de la peur, de son origine, de ce qu'elle représente comme danger pour lui, de l'image qu'il associe, de l'importance qu'il lui donne, la nommer et la situer sur une échelle de 1 à 10 permet aux parents de mieux comprendre ce que cette peur peut représenter pour l'enfant. Transformer l'objet de la peur en une nouvelle représentation plus imaginaire peut rendre une araignée devenue rose et portant des baskets jaune fluo avec des lunettes de soleil tout de suite plus sympathique !

On peut aussi demander à l'enfant de donner un petit nom drôle et insolite à sa peur et de lui attribuer un lieu bien à elle. Ainsi, lorsque l'enfant sentira sa peur monter en lui, il enverra « Socquette » à l'autre bout du monde et surtout lui demandera de rester à sa place quand elle aura tendance à pointer le bout de son museau ! Cette technique permet de ne pas se laisser envahir par cette émotion et d'instaurer une certaine distance entre l'enfant et l'objet de sa peur.

L'enfant devient alors maître de la situation et ne considère plus la peur comme faisant partie de lui. Il est un simple spectateur d'une situation extérieure. On retrouve cette notion de dissociation ou de distance à travers différentes expressions tibétaines.

On dira que l'on éprouve de la peur ou de la colère plutôt que : « je suis en colère » ou « je suis effrayé », car nous ne sommes jamais l'émotion elle-même, ce n'est qu'un ressenti. Mettre une distance entre nos émotions telles que la peur ou la colère et nous-mêmes en atténue naturellement l'impact.

Face à une situation inconnue, le cerveau aura tendance, malgré nous, à amplifier et à anticiper la réalité de manière négative. L'enfant, lui, n'arrivera pas à rectifier cela par le raisonnement. Le seul moyen de remplacer toute anticipation négative ou angoissante par une image rassurante est de lui faire visualiser la situation différemment en faisant appel à son imaginaire et à sa créativité. S'imaginer arriver en classe, souriant et totalement détendu, se voir entouré de ses camarades préférés, rire ensemble, et se sentir serein face à son contrôle de mathématiques rendra l'examen plus agréable le jour J.

Les recherches en neurosciences nous démontrent que le cerveau ne fait pas la différence entre une situation réelle ou inventée de toutes pièces. Ainsi, le cerveau aura été préparé à cette évaluation par le fait d'anticiper ce scénario de manière positive et répétitive. Grâce à cette avancée, on peut accompagner nos enfants à créer de nouvelles situations imaginaires et rendre des moments agréables en remplaçant l'anticipation négative en situation positive. Bien sûr, ces techniques fonctionnent parfaitement pour les grands !

D'ailleurs, en tant qu'adultes, nous est-il toujours naturel et évident de reconnaître nos propres émotions ? Si cela n'est pas forcément inné chez nous, comment réagissons-nous face à celles de nos enfants ? Est-ce plus facile ? Pourquoi encore avons-nous ce réflexe de leur dire : « Arrête de pleurer » avant même de comprendre la cause de leurs pleurs ? Question de culture, d'éducation, de système, de valeurs ou par manque de temps tout simplement ? Ne devrions-nous pas au contraire leur dire : « Pleure si cela te fait du bien, ne te retiens pas ! » ? Ainsi, ils élimineraient le cortisol[1] qu'ils ont accumulé et se sentiraient tellement mieux après l'avoir évacué. Quel que soit notre âge, qui ne s'est jamais senti mieux après avoir pleuré ? Il m'arrive souvent d'expliquer aux parents et aux enseignants qu'un enfant en colère, stressé, angoissé ou apeuré développe du cortisol qu'il mettra cinq heures à éliminer. Alors autant le laisser pleurer un peu s'il en éprouve le besoin. Ce sera toujours ça en moins dans son corps !

Une manière simple et efficace de réduire l'anxiété chez l'enfant peut s'effectuer à travers le jeu. De nombreuses études ont démontré que le jeu libre, avec très peu d'interventions de la part d'adultes, réduit l'angoisse et permet même de favoriser la résilience ainsi que de développer les aptitudes sociales, l'autonomie, l'estime de soi, la souplesse et même la démocratie ! Le jeu augmente aussi la joie de l'apprentissage.

Cette notion se retrouve également en neurosciences où l'apprentissage sous forme ludique est fortement recommandé. Il a été prouvé que le cerveau mémorise beaucoup plus vite lorsque la majorité des sens sont mobilisés en même temps. Apprendre en mouvement, mémoriser en musique, visualiser ou s'imaginer les mots que l'on prononce, nous permettent de retenir sept fois plus vite qu'avec un apprentissage dit « traditionnel ».

Lorsque j'observe les petits moines des monastères en Inde, je me rends compte qu'ils mémorisent des centaines de pages de textes de prières alors qu'ils les répètent toute la journée en bougeant le

1 Hormone du stress.

corps d'avant en arrière, ne demeurant jamais immobiles, tout en les chantant à voix haute.

Alors, quand ma fille apprend ses leçons en jouant du piano ou en dansant, je ne peux que l'encourager à développer cette méthode qui peut paraître un peu déconcertante, mais qui fait des miracles ! Plus jamais, je ne lui demanderai de rester immobile sur sa chaise jusqu'à ce qu'elle sache sa leçon par cœur.

Les enfants écoutent leurs parents, étudient, respectent des règles, se conforment au système, appliquent les décisions qui sont faites pour eux, et dépendent de l'humeur des autres.

Mais, finalement, à quel moment leur apprend-on à écouter et à comprendre leurs émotions, à suivre leurs envies, à respecter leurs valeurs, à identifier leurs besoins, à déployer leurs talents, à développer leurs ambitions et à réaliser leurs rêves ? Pourquoi aucun cours n'est-il donné aux plus jeunes pour développer des qualités humaines essentielles dans la vie, telles que la tolérance, la bienveillance, l'amour, la gentillesse, la compassion, l'humanité, la bonté, la générosité, le respect, la joie, l'enthousiasme ou la satisfaction... ? Pourquoi ne pas leur apprendre à développer toutes ces qualités qui les rendraient heureux en grandissant ?

Ces qualités sont-elles innées chez eux ? Si c'est le cas, à quel moment alors les perdent-ils ? Et surtout pourquoi ? Pourquoi arrêtent-ils de rêver en grandissant ? Pourquoi arrêtent-ils de dessiner, de danser spontanément sans musique, de courir, de sauter, d'être insouciants ? Pourquoi ne pas leur apprendre simplement à Être ?

Si dès leur plus jeune âge, les enfants étaient accompagnés sur le chemin de la vie avec des valeurs de respect, de tolérance, d'ouverture, d'unité, de générosité, de compassion, d'altruisme... ils ne développeraient que de l'amour !

Bien que les neurosciences et la méditation jouent un rôle déjà très important dans de nombreux domaines, on pourrait souhaiter qu'elles s'introduisent dans l'Éducation Nationale de notre pays ! Cela pourrait changer tellement de choses…

Le Dalaï-Lama dit à ce propos : « Si chaque enfant de huit ans apprenait à méditer, nous éliminerions la violence dans le monde en seulement une génération. »

Et maintenant ?

11 - De la méditation aux neurosciences…

15 JANVIER 2018 - Je viens de terminer avec détermination et enthousiasme mon master en neurosciences appliquées. Ces années d'études ont véritablement enrichi mes connaissances sur le cerveau, mais aussi renforcé ma curiosité d'en savoir davantage sur le lien qu'il pourrait y avoir entre la méditation et les neurosciences.

La première approche qui relie la science de l'esprit à celle du cerveau est toute récente et ne remonte qu'aux années 1980 lorsque le Dalaï-Lama fonde, avec le neurobiologiste et neuro-phénoménologue Francisco Varela, un institut dédié à l'étude de la science contemplative, le « Mind and Life Institute ».

Vingt ans plus tard, le Dalaï-Lama propose aux chercheurs du monde entier d'étudier l'activité cérébrale de méditants bouddhistes « experts » – c'est-à-dire ayant entre 10 000 et 60 000 heures de pratique de la méditation. Pendant près de quinze ans, plus de cent méditants bouddhistes – aussi bien moines que laïques, orientaux et occidentaux, hommes et femmes – et de nombreux débutants se prêteront au jeu en participant à toutes sortes d'expériences sur la méditation, dans une vingtaine d'universités à travers le monde.

En 2005, lors de la rencontre annuelle de la Société des Neurosciences à Washington, quelques centaines de participants – sur un total de 35 000 – protestèrent contre la participation du

Dalaï-Lama, estimant qu'un chef religieux n'a pas sa place dans une rencontre scientifique. Et pourtant, grâce à lui, la collaboration entre la science et le bouddhisme avait bel et bien déjà commencé à porter ses fruits.

Plus proche de nous, véritable trait d'union entre les neurosciences et la méditation, ambassadeur du cerveau et de l'esprit, l'homme reconnu comme étant la personne la plus heureuse au monde est contre toute attente un pratiquant bouddhiste français ! Mais quel peut bien être son secret qui le rende aussi heureux ? Cet incontournable méditant de renommée internationale que j'admire et côtoie depuis mon enfance, et qui s'est prêté à ces différentes recherches scientifiques sur le cerveau, n'est autre que le moine bouddhiste Matthieu Ricard.

L'idée de comprendre comment et pourquoi l'esprit d'un méditant pourrait avoir un impact sur le cerveau m'a toujours passionnée mais je ne pensais pas qu'un jour je trouverais des réponses aussi claires et pointues à mes interrogations. Cet aspect scientifique n'est d'ailleurs jamais abordé dans les enseignements bouddhistes tibétains, et encore moins en retraite. Méditer pour que notre cerveau atteigne un objectif précis ou bien dans le but de ralentir le vieillissement de nos cellules, ou encore pour éviter une dépression ou un burn-out, n'aurait de toute façon pas été une motivation suffisante pour que je puisse tenir trois ans en retraite, loin de mes proches et dans de telles conditions.

La découverte des bienfaits de la méditation coïncide finalement avec des résultats récents sur la plasticité du cerveau adulte, qui peut être profondément modifiée par l'expérience vécue.

Alors que chez un musicien, la région cérébrale qui contrôle les mouvements des doigts s'agrandit progressivement à mesure qu'il apprend à jouer de son instrument, ce même processus se produit lors de la méditation. Lorsque le pratiquant régule ses états mentaux pour parvenir à une forme d'enrichissement intérieur, il modifie ainsi le fonctionnement et la structure de son cerveau.

La méditation semble même susceptible d'augmenter la connectivité des circuits cérébraux et de produire des effets bénéfiques non seulement sur l'esprit et le cerveau, mais aussi sur l'ensemble du corps.

Certaines recherches démontrent que notre système immunitaire serait transformé de manière positive au bout d'un mois seulement de méditation quotidienne. C'est probablement grâce à la pratique intensive de la méditation que je n'ai finalement jamais été malade pendant trois ans.

De même, il a été prouvé que trois mois de méditation peuvent affecter de manière significative l'activité des télomérases, enzymes essentielles à la protection contre le vieillissement cellulaire.

Sous l'œil précis d'une IRM, les équipes scientifiques ont pu constater que le cerveau d'un méditant s'échauffe lorsqu'il entraîne son esprit. Quatre réseaux neuronaux liés à l'attention sont sollicités successivement : d'abord le cortex sensoriel et moteur, puis le cortex antérieur et les régions pariétales, pour finir par le cortex préfrontal, et ainsi de suite pendant toute la durée de la séance.

Comme le démontre le neuroscientifique Antoine Lutz, du Centre de l'Inserm de Neurosciences de Lyon, la répétition de ce cycle permet de soutenir l'attention et d'améliorer la vigilance cérébrale. Mon aptitude à me concentrer facilement sur une longue période viendrait-elle de là ?

Ce neuroscientifique français est l'un des premiers à avoir mené des travaux d'imagerie sur le cerveau de Matthieu Ricard et celui de nombreux pratiquants bouddhistes. Avec ses équipes, il a mis en évidence le fait que le cerveau des méditants expérimentés peut traiter des stimuli deux fois plus rapprochés (moins de 300 millisecondes) qu'un cerveau débutant en la matière.

Tania Singer, chercheuse franco-allemande, a, quant à elle, prouvé que l'homme est capable d'accroître sa matière grise et de stimuler les zones cérébrales qui déterminent l'empathie, la compassion et le bien-être.

Pour les besoins de ses recherches, trois cents personnes « non croyantes » ont été suivies pendant douze mois. Les participants devaient consacrer trente minutes par jour à des exercices mentaux, et ce, tout au long de l'année. Avant et après chaque module, Tania et ses équipes ont scanné leurs cerveaux afin d'observer les changements perceptibles. Des analyses quasi quotidiennes ont ensuite été faites sur ces personnes afin d'analyser les effets hormonaux et immunitaires. Au total, 90 paramètres ont évolué.

Les résultats sont sans appel ! Il est évident qu'il est possible de s'entraîner à la compassion, comme on s'entraîne à un sport. Selon le bénéfice mental recherché, il faut simplement choisir l'exercice approprié, à l'image de la course et de la natation qui n'ont pas les mêmes effets bénéfiques sur nos muscles. Il est donc tout à fait possible de sculpter son cerveau et de développer compassion et empathie à travers la méditation.

D'autres recherches encore démontrent que la méditation, pratiquée de manière régulière, peut aider à traiter le stress, la dépression et la douleur chronique, ainsi qu'à développer un sentiment de bien-être général. Elle est d'ailleurs proposée dans différents hôpitaux en France depuis quelques années.

Plus récemment, on a constaté chez les personnes qui méditent régulièrement un développement plus important de l'hippocampe (qui joue un rôle de premier plan dans la mémorisation, l'apprentissage, la vigilance et l'adaptation à son environnement) et, au contraire, un rétrécissement de l'amygdale (qui gère les émotions, en particulier nos réactions de peur et d'anxiété).

La science, mais surtout les neurosciences, apporte des réponses précises à certains, des preuves concrètes à d'autres, comme s'il avait fallu attendre que la science de l'esprit soit reconnue et validée par celle du cerveau pour qu'elle existe enfin !

À la lecture de toutes ces conclusions, je restais malgré tout à l'affût des moindres témoignages vécus de l'intérieur, si rares, de ces cobayes du cerveau et de l'esprit, de ces personnes qui, comme moi, avaient médité pendant toutes ces heures mais qui n'avaient pu en quantifier ou en vérifier les bienfaits scientifiques personnellement.

Bien que je n'aie jamais eu aucun doute concernant les effets positifs de cette pratique, ces résultats scientifiques ne restaient finalement qu'abstraits à mes yeux. J'aurais tant aimé échanger avec l'un de ces experts en méditation pour savoir si nous partageons la même vision des choses face à différentes situations de la vie, si nous abordons les émotions sous le même angle, si la méditation nous relie quelque part ou si au contraire elle n'est qu'une expérience personnelle qui est propre à chacun.

Rarement, entre méditants, nous échangeons sur ces sujets. Jamais nous ne parlons de nos expériences méditatives qui ont peut-être un impact sur notre vie...

Mais finalement, qu'est-ce qui prouve que ces résultats scientifiques me concernent aussi, simplement parce que je médite ?

Les questions que je me pose encore resteront sans doute sans réponse... Je laisserai mon cerveau faire sa vie et chaque jour mon esprit, lui, continuera à méditer.

« Ne pas se fier aux apparences, gratter la surface des choses pour en connaître la véritable nature, aller au-delà de notre prisme visuel et de notre propre construction de la réalité. » Telle est la définition de la démarche scientifique qui est aussi celle de la réflexion bouddhiste qui se dit « être toujours prête à remettre en question certaines de ses affirmations historiques ».

12 - Trente ans plus tard, la boucle est bouclée !

En novembre 1988, je partais en retraite de méditation pour trois ans.

En janvier 2018, soit trente ans après, le Centre de Recherches en Neurosciences de l'Inserm de Lyon (Institut National de la Santé et de la Recherche Médicale) me propose, en tant qu'experte en méditation, de participer à des recherches sur la méditation.

Si on m'avait dit, trente ans plus tôt, que mon cerveau serait un jour l'objet de recherches françaises qui tenteront de démontrer l'impact de la méditation sur le cerveau, jamais je n'y aurais cru !

Alors, avec mes quelque 30 000 heures de méditation au compteur, je dis « oui » tout de suite, comme à mon habitude, ne laissant surtout aucune place à mon mental dans cette prise de décision qui se voudrait pourtant être très cérébrale. C'est un grand « oui » !

Passionnée de neurosciences et conquise par l'entraînement de l'esprit, je n'ai absolument aucune idée de ce qui m'attend, ni même reçu d'explications élaborées ou détaillées des expériences pour lesquelles je vais « prêter » mon cerveau.

Avec le recul, ne rien m'avoir dit à l'avance était finalement plus raisonnable et la surprise fut totale !

Trois semaines plus tard, les équipes de l'Inserm se rétractent, pour une raison non d'ordre médical, mais tout simplement parce que… je suis gauchère ! On m'explique que les comparaisons entre gauchers et droitiers peuvent être différentes et qu'elles nécessitent de modifier certaines mesures.

Après deux mois de réflexion, on me rappelle pour m'annoncer que les recherches s'ouvrent désormais aux gauchers car les méditants experts sont trop rares !

Je passerai donc six jours dans les services d'Antoine Lutz, ce neuroscientifique français qui avait participé, de l'autre côté de l'Atlantique, aux premières recherches sur le cerveau de moines bouddhistes. Ce chercheur représentait, en quelque sorte, mon idole en neurosciences comme d'autres pourraient être fans de Patrick Bruel (ce qui est mon cas aussi, je l'avoue…).

Sans jamais l'avoir rencontré, j'avais fait référence à toutes ses conclusions dans mon mémoire, rédigé dans le cadre de mes études en neurosciences appliquées, qui s'intitulait :

… De la Méditation aux Neurosciences…
Entraîner son esprit pour transformer son cerveau.

Lundi 8 janvier 2018 - C'est la toute première matinée de mon séjour au centre de recherches de Lyon. Ce rendez-vous matinal à 8 h 30 me conduit vers deux heures de méditation intensive sous l'œil attentif d'une IRM. J'ai été prévenue par l'équipe médicale que si l'IRM révèle une anomalie quelconque, elle serait obligée de m'en informer.

Après quelques explications de la part des équipes, mon corps tout entier se retrouve dans ce sarcophage du futur que je visite pour la première fois de l'intérieur. Le bruit de cette machine est aussi intense que le silence qui règne au sein du personnel. Lors de la première demi-heure de ce voyage horizontal, alors que l'on prend les mesures de mon cerveau sous toutes ses coutures, j'ai inévitablement l'image en tête de la dernière IRM à laquelle j'ai assisté et qui remonte à l'AVC. Je ressens alors une certaine appréhension et n'attends finalement que trois mots qui pourraient me rassurer dans ce moment un peu particulier. Trois mots et non pas trois lettres…

Au bout de trente minutes, j'entends dans le casque : « On va commencer ! »

Première bonne nouvelle, il semblerait que je n'ai ni anomalie ni tumeur au cerveau !

Ainsi, pendant plus d'une heure et demie, tout en respectant des consignes très précises de méditation, je me lance dans cette aventure « méditato-neuroscientifique » ! Avec tout ce que j'allais expérimenter et au nom de tous les cobayes du cerveau et de l'esprit, je m'accorde le droit d'inventer ce mot qui correspond au doux mélange surréaliste et à la saveur parfois inexplicable des expériences que j'allais vivre !

Très vite, je m'adapte aux bruits étranges que fait cette machine. Je les apprivoise et les modifie tous. Ils deviennent en quelque sorte mes sons de compagnie, associant chacun d'eux à une image que je me représente. J'entends alors des bateaux entrer dans un port ensoleillé, des vrombissements de gros moustiques camarguais ou encore un DJ d'Ibiza qui fait danser la foule dans la mousse sur de la techno déjantée… J'ai, en l'espace de quelques secondes, transformé tous ces bruits déconcertants en sons agréables, voire berçants.

Je ne médite généralement pas allongée, encore moins enfermée dans une boîte, jamais avec un masque sur les yeux, me permettant de lire des indications inscrites sur un écran, et pour la première fois, ma tête se retrouve ballottée par des vibrations de marteaux-piqueurs. Ces conditions de méditation sont pour moi tout aussi inédites qu'insolites et je m'efforce de rester figée, car le moindre mouvement de mon corps pourrait interrompre l'expérience minutieuse et délicate.

Malgré ces circonstances quelque peu inhabituelles, et à mon grand étonnement, ma méditation est d'une clarté et d'une précision irréprochables. Lorsque l'on me demande de méditer sur le thème de la compassion en pensant à un enfant que j'aime d'un amour inconditionnel, puis de l'étendre à tous les enfants du monde, quelques larmes roulent sur mes joues par le simple fait de penser à l'enfant que j'aime le plus au monde... ma fille! Comme quoi, on peut s'adapter à toutes situations, aussi improbables soient-elles!

J'ai fait abstraction de tout, et n'ai vécu qu'une simple et magnifique expérience méditative comme si j'étais dans un cadre idyllique. Mais, finalement, ce cadre-là, n'est-ce pas à chacun de se le créer intérieurement sans dépendre des conditions extérieures?

Je me suis sentie « libre » dans cette boîte, « sereine » parmi tous ces bruits et « créative » malgré l'hostilité de l'environnement!

L'après-midi est consacré à des recherches qui permettent d'étudier l'influence de mes différents états attentionnels sur ma mémoire de travail ainsi que sur ma mémoire visuelle automatique. Elles sont suivies par des tests comportementaux.

J'ai quatre heures pour réaliser l'un des exercices que je terminerai en deux heures et demie, ayant demandé à ne faire aucune pause pour éviter toute dispersion. J'enchaîne tout sans jamais laisser place à la moindre distraction.

Seule dans une toute petite pièce sombre, je fixe un petit écran sur lequel sont projetés furtivement des points de couleurs à différents endroits de l'ordinateur avant de disparaître. Je n'ai que quelques secondes à chaque fois pour retrouver l'emplacement exact des points ainsi que leurs couleurs précises que je définis sur un nuancier.

La consigne m'interdit de mémoriser les couleurs en les nommant, même mentalement. Le seul moyen que j'ai pour les retenir est de les photographier visuellement, sans jamais évoquer leur dénomination. Il semblerait qu'à ce moment-là, mon esprit trouve l'exercice facile tandis que mon cerveau a plus de difficulté à dissocier une couleur de son nom. Et pourtant ! Mon esprit l'emportera.

Les exercices se compliquent. On me demande à présent de flasher le contenu de l'écran d'un seul regard puis d'oublier instantanément ce que j'ai vu pour donner le résultat plus tard à l'aide d'une télécommande. Je ne cligne plus des yeux pour ne rien perdre de la partie. Ce test parsemé de pièges est véritablement déconcertant et pourrait même devenir agaçant à la longue !

Certes, le fait de méditer pendant cette expérience rend ce petit jeu, sur le moment, plus abordable, mais il semble que mon cerveau ait été d'un avis totalement différent puisque j'en ai rêvé toute la nuit suivante ! Je voyais des points de toutes les couleurs partout dans la pièce que j'essayais d'attraper, mais qui disparaissaient pour réapparaître ailleurs. De quoi rendre fou ce cerveau joueur qui voulait gagner la partie face à cette technologie rapide et vicieuse.

Mémoriser sans faire appel à mon cerveau, mais simplement en faisant confiance à ma conscience nécessite un certain entraînement, certes inhabituel, mais que ma concentration a rendu, contre toute attente de ma part, possible.

Mardi 9 janvier 2018 - Après cette courte nuit à courir après des points lumineux, une journée d'expériences en électro-encéphalographie m'attend. Les équipes du service de neurosciences me posent soixante-quatre électrodes sur la tête que je garderai même pendant la pause déjeuner.

À travers ces expériences, les scientifiques cherchent à étudier la différence de perception que je peux ressentir entre ma propre douleur et la souffrance d'autrui. Elles servent également à analyser l'influence de mes différents états de conscience sur ma perception sensorielle.

En découvrant le planning de ma journée, ce matin au petit déjeuner, posé délicatement entre mon café et un croissant, je me demande bien ce que l'on va me faire pour que j'éprouve de la douleur…

Rien n'est écrit de plus que les mots « souffrance » et « douleur » ! Le meilleur reste à venir ou alors le pire reste à découvrir…

Une fois les électrodes installées sur ma tête à l'aide d'un gel bien froid pour ce mois de janvier, et quelques fils branchés sur le bout de mes doigts et sur le poignet, je me retrouve isolée dans une pièce face à un écran, un casque posé sur les oreilles. J'entends alors qu'on se demande si l'électrode qui est censée enregistrer mon rythme cardiaque a bien été branchée, car l'ordinateur ne perçoit qu'un faible signal. Après quelques vérifications, les équipes constatent simplement que mon rythme cardiaque s'est ralenti de lui-même, avant même de commencer l'expérience. J'avais déjà basculé dans un état méditatif comme je le fais sans m'en rendre compte, dès que je m'assieds quelque part, simplement par habitude.

Pendant plusieurs heures, tout en suivant des consignes de méditation très précises et toutes différentes, sur le thème de la compassion puis sur l'empathie, je vais devoir décrire l'intensité de ce que je ressens, toujours à l'aide d'une télécommande, sans aucun contact extérieur. La porte de ce bunker se referme. L'aventure sensationnelle au sens propre peut démarrer !

On m'explique que l'expérience sera ponctuée tantôt par un son dit « de menace » et d'un autre appelé « relax ». Ils seront envoyés dans le casque de manière totalement aléatoire, sans jamais respecter d'ordre précis afin que mon cerveau ne mette aucune stratégie en place. Parfait, il est prévenu !

Le son de la menace tout droit sorti d'un film d'horreur a le mérite d'avoir été très bien choisi. L'écouter sans méditer pourrait donner la chair de poule à Rambo ou à Rocky.

En parallèle, on commence à m'envoyer des décharges dans la main gauche. Là, je comprends très vite que c'est pour tester ma douleur ! Mon bras gauche part d'un coup, sans même que je ne puisse le contrôler ou le retenir. En tant que gauchère, je ressens cette douleur certainement plus fortement que si la décharge m'était envoyée dans la main droite. Quoi qu'il en soit, cette décharge ne m'est ni familière ni agréable, et mon esprit ne semble pas l'apprécier plus que mon cerveau !

Et puis enfin, on me projette à l'écran des images réelles extraites de journaux télévisés ou de reportages sensationnels que jamais je ne regarde d'ordinaire. Des scènes de personnes qui souffrent, qui meurent, des pendus, des images de guerre, d'agonie, des mères en pleurs, des enfants en sang… Là, je n'ai pas non plus besoin qu'on me précise que c'est pour tester mon ressenti quant à la souffrance d'autrui.

Imaginez un instant ressentir simultanément l'inquiétude que procure ce son menaçant, l'image réelle de souffrance qui retourne le cœur et la décharge dans le bras qui n'est pas forcément très agréable !

Ajoutez à ce doux mélange un peu de méditation sur la compassion, puis une dose d'empathie.

Les conclusions de cette journée d'expériences apportèrent des points très précis quant à la différence qu'il existe entre la méditation sur la compassion et celle sur l'empathie. Deux types de méditation véritablement différents pour nous, méditants, et que ces tests scientifiques cherchent à démontrer.

Lors de cette longue journée d'expériences, la souffrance d'autrui m'a évidemment fait oublier la mienne, me rendant tantôt remplie de compassion, tantôt d'empathie, mais jamais d'indifférence.

Le lendemain, je demandais à voir Antoine Lutz pour lui poser des questions plus personnelles concernant le pourquoi face à de telles réactions de ma part. Des réactions que je n'attendais pas de moi, qui m'ont surprise, étonnée, déconcertée...

Jamais je n'avais été confrontée à ce genre de situation, mais le bilan réalisé avec les équipes répondait exactement à leurs interrogations. Inutile de préciser que, sans méditer, je n'aurais pu tenir devant de telles images, devant tant d'injustice, devant tant de souffrances. Je n'ai fait aucune différence entre les sons « menace » et « relax », restant toujours concentrée sur le thème demandé.

Méditant sans relâche, oubliant même mon bras et répondant à tout, toujours à l'aide de cette télécommande que je retrouvais d'expérience en expérience et qui était alors mon seul moyen d'expression.

Mercredi 10 janvier - Après la journée éprouvante d'hier, les recherches d'aujourd'hui permettront d'étudier l'espace péri-personnel[1] chez un méditant, l'image de son corps ainsi que l'interoception[2].

Lors d'un exercice, on me demande de me concentrer sur les battements de mon cœur tout en méditant, puis de les compter. À tout moment, je dois donner le nombre exact. Cette sollicitation me semble étrange, voire irréalisable. Et pourtant! L'interoception est

1 Conscience de l'état interne de son corps.

2 Capacité à évaluer de manière exacte son activité physiologique, par exemple son rythme cardiaque.

parfaite. Entendre son cœur battre juste en fermant les yeux est une pause finalement très apaisante.

Entre deux expériences, on me précise de ne surtout pas méditer et de « rester », au contraire, déconcentrée. On me reprend, car mon esprit repart méditer dès qu'il en a l'occasion. Je n'ai absolument pas conscience que je bascule naturellement dans un état méditatif lorsque je dois patienter. J'essaie alors de me distraire en pensant à toutes sortes de choses, ma fille, mon retour à Paris, la météo mais à la moindre occasion, mon esprit repart en vacances pour se poser !

L'autre partie de la journée permettra aux équipes d'étudier mon attention sur une longue durée. Je devrai répondre à des questions en un temps record. La complexité sera de donner les réponses affirmatives avec la main droite alors que je suis gauchère et les réponses négatives avec la main gauche. Cette règle ne facilitera pas la tâche et ce casse-tête chinois m'aura valu 5 erreurs sur 250 ! Record battu… Et par une gauchère !

Très vite, j'avais compris qu'aucune stratégie ne m'aiderait à tenir dans la durée. Seule la maîtrise de la méditation serait mon alliée. Ainsi, lorsque je me rendais compte d'une erreur, dans l'instant d'après, je revenais au calme. Je développais de plus en plus de stabilité et restais imperturbable face à une maladresse. Je maintenais toujours le même rythme cardiaque, sans jamais m'emballer face à la réussite. Plus le test progressait et moins je faisais de fautes. Ma concentration était de plus en plus affûtée, voire redoutable !

En sortant de cette pièce, j'annonçai avoir fait cinq erreurs, alors que rien ne l'indiquait. À la surprise générale, mon cerveau avait bien compté tout en laissant mon esprit concentré sur le reste.

Jeudi 11 janvier - Après un long moment de préparation, des dessins qu'on me fait sur le ventre, des branchements ici et là, j'entre dans l'un des 4 MEG de France (magnétoencéphalogramme), une machine qui a tout pour elle, sauf le confort ! Un simple tatouage ou un plombage de trop dans la bouche rendrait l'expérience impossible. En effet, très peu de personnes peuvent accéder à ce MEG, tant il est sensible au métal. Bonne nouvelle... ou pas : nous sommes compatibles... C'est sur ce ton et en ces termes que l'équipe me l'annonce.

Cet étrange appareil de neuroimagerie sert à mesurer les champs magnétiques du cerveau. Le but de cette expérience est d'analyser l'anticipation du cerveau d'un méditant face à l'environnement extérieur ainsi que mon niveau de conscience sur ma perception corporelle. Rien que ça !

Les journées se suivent, mais ne se ressemblent pas...

Les expériences sont longues et éprouvantes, mais mon enthousiasme reste intact et ma curiosité est à son comble. Le mot « cobaye » n'était finalement pas trop fort !

Vendredi 12 janvier - Ce matin, j'ai rendez-vous dans ma discothèque préférée pour trois heures d'IRM ! Ces expériences serviront à démontrer le lien qu'il y a entre la façon de percevoir une expérience négative telle que la douleur et le traitement cérébral du stimulus. En plus des bruits omniprésents de l'IRM, il faudra rester concentrée et méditer sur un thème précis, tout en ayant le poignet chauffé toutes les trente secondes à 48 degrés.

Cerise sur le gâteau : du calcul mental y sera ajouté et je devrai transmettre les résultats aux équipes à l'aide de ma fidèle télécommande !

Grâce à la méditation, je n'ai pas du tout ressenti la chaleur sur mon poignet malgré les indications que l'on envoyait à mon cerveau. En effet, avant d'émettre une brûlure chaude ou tiède, les mots « tiède » ou « chaud » s'inscrivaient sur l'écran, entourés d'images de petites flammes pour renforcer mon appréhension.

Je suis restée concentrée, ne prêtant attention à aucun des deux indices, si bien que mon cerveau n'a pas anticipé la douleur éventuelle. Grâce à cet état, je n'ai ressenti aucune différence entre les deux températures envoyées, ni forte chaleur ni désagrément sur mon poignet.

La stabilité de ma méditation a rendu cette expérience agréable bien que complètement « dingue » en apparence !

À travers cette expérience, je me suis souvenue d'une expérience assez similaire qui remonte à la naissance de ma fille. Les médecins avaient été surpris qu'à aucun moment je n'active la péridurale pourtant posée, malgré les dix-sept heures de contractions ! Les douleurs physiques avaient certainement été atténuées par l'habitude de méditer et non pas par la méditation elle-même. Car non, je n'ai pas médité en donnant naissance à ma fille ! Ou alors, je ne m'en suis pas rendu compte…

D'après certaines recherches scientifiques, le ressenti de la douleur serait de 21 à 24 % moins fort chez les personnes qui pratiquent la méditation intensivement que chez les autres.

Après cette matinée riche en rebondissements et en calculs, je passe tout l'après-midi à méditer sur les thèmes de la compassion puis de l'empathie, tout en visionnant à nouveau des images assez difficiles afin d'étudier la perception que j'ai de la souffrance d'autrui, vu sous un autre angle.

Petit détail glamour : un prélèvement de salive est obligatoire entre chaque expérience méditative. Analysée sous toutes les coutures, je n'ai plus aucun secret pour l'Inserm de Lyon ni même pour mon pays !

Samedi 13 janvier - Cette dernière demi-journée se conclut par des expériences en électro-encéphalographie dans une machine assez particulière, terminée dans la nuit et que je suis la première à tester. Cette expérience, techniquement compliquée à décrire, sert à étudier la perception et l'anticipation du cerveau face à une situation connue ou logique.

J'ai été étonnée de constater que le cerveau, une fois sous l'effet de la méditation, peut déjouer toute stratégie mise en place par la technologie.

J'ai ainsi pu, par le simple fait de méditer, démonter de toutes pièces chaque piège créé pour les besoins de cette expérience et envoyé à mon cerveau pour le déstabiliser.

Les conclusions que je fis au chercheur indien à l'origine de ce travail furent bluffantes pour lui et très surprenantes pour moi. D'ordinaire, notre cerveau assemble logiquement les images qu'il voit pour n'en faire qu'une. Or, pendant cette expérience, même si je pouvais observer à l'écran un arrosoir penché avec de l'eau qui coulait sur une plante, mon esprit, lui, a réussi à décomposer ces deux images superposées.

C'est ainsi que j'ai compris que l'arrosoir était en mouvement mais que le reste était statique, rendu animé uniquement par des flashs de lumière, envoyés derrière l'image. L'illusion était parfaite. Pendant quelques secondes, j'ai douté ! Devais-je croire mon cerveau logique ou suivre mon esprit intuitif ? La méditation a dépassé mon cerveau et inversé l'analyse logique en résultat illogique pour lui, mais exacte pour la science et surtout pour mon esprit !

En fin de journée, je reprenais le train dans un état de fatigue avancé, tel un cobaye un peu chahuté, mais jamais je n'oublierai cette semaine d'expérimentations incroyablement enrichissantes d'un point de vue personnel et utiles si l'on veut faire avancer les recherches sur les bienfaits d'entraîner son esprit.

Certes, les résultats seront connus d'ici quelques mois, mais mes interrogations, ressentis, suggestions et bilans rejoignent finalement les tout premiers résultats scientifiques.

Et contre toute attente, je rentre avec des réponses précises, plus scientifiques, voire personnelles, à mes interrogations de toujours...

« Pourquoi suis-je aussi déterminée et concentrée lorsque j'entreprends quelque chose ? Grâce à quoi ai-je pu rattraper trois ans d'études en dix mois ? Comment ma créativité se développe-t-elle ? D'où viennent mes capacités d'adaptation en toutes circonstances ? Comment puis-je prendre une décision si vite ? Pourquoi suis-je toujours optimiste ? Grâce à quoi suis-je une battante ? D'où me vient ce discernement ? Comment ai-je développé la satisfaction ou l'équilibre émotionnel ? Pourquoi suis-je aussi sensible à la souffrance des êtres et si peu concernée par la mienne ? Comment ai-je autant de contrôle sur mes émotions ? Qu'ai-je pu développer sans le savoir pour atténuer la douleur, et comment aurais-je pu savoir que j'avais cette capacité en moi si je n'avais pas vécu ces expériences ? »

Vivre cette aventure de l'intérieur tout en étant confrontée au monde neuroscientifique a été un sacré challenge pour moi qui suis plutôt de nature discrète lorsqu'il s'agit de vivre ma spiritualité. Mais en grande passionnée de neurosciences, j'ai vécu ces six jours d'expériences, certes éprouvants, comme un voyage ailleurs, à mi-chemin entre mon cerveau et mon esprit !

Ce séjour, entouré de nombreux scientifiques, m'a permis de découvrir de nouvelles perspectives, d'autres dimensions, des capacités inexplorées et de visiter des terres inconnues qui font pourtant partie de moi.

Jamais mon cerveau et mon esprit n'ont autant été sollicités, tiraillés, alliés, solidaires, unis, proches, complémentaires... Mais les deux m'ont accompagnée de manière égale tout au long de cette recherche intérieure, invisible à l'œil nu, mais que la technologie permet de révéler, sans détour, ni dissimulation.

Ne plus s'appartenir vraiment tout en étant là, présente, plus que jamais ! Prêter une partie de soi à la science, le temps de quelques jours, est un sentiment parfois étrange, mais qui reste altruiste avant tout.

13 - Pratique millénaire contre business méditatif !

Malheureusement, depuis ces dernières années, la pratique de la méditation, bien que millénaire, a tendance à se répandre, ici et là, enseignée par le premier venu, tout droit sorti d'un week-end de silence, qui serait resté assis quelques heures à observer le vide, entre deux connexions internet et trois selfies dans la nature !

Il est donc légitime de se demander si l'intention première de ces personnes, surfant sur l'effet de mode grandissant tout en s'improvisant gourou de pleine conscience et sentant surtout qu'il y a du business à faire sur notre esprit, est vraiment sincère.

Alors que l'on peut évaluer les qualités d'un professeur de yoga à la justesse de ses postures, les aptitudes d'un peintre à l'expression de son art ou toute autre discipline à travers ce que l'on voit ou entend, la méditation, quant à elle, reste une approche qui se construit de l'intérieur. Il est donc extrêmement difficile de quantifier les années d'expérience d'un enseignant, de vérifier son authenticité et surtout son intégrité par le simple fait de l'observer assis, les yeux fermés. Un comportement exemplaire en public et quelques mots philosophiques empruntés ici ou là peuvent parfois s'avérer être totalement artificiels et superficiels.

De la même manière que nous ne confierions pas notre cerveau à n'importe quel médecin, ne confiez surtout pas votre esprit à n'importe qui !

Alors que tout le monde recherche le bonheur, ou au moins le « mieux-être » à défaut d'obtenir le « bien » être…, avec toujours cette envie d'obtenir des résultats quasi immédiats, les mots « patience » et « contemplation » sont souvent balayés par les noms communs : rapidité et efficacité ! Mais la méditation ne fait aucun miracle, ne remplace pas la médecine, ne guérit pas les maladies les plus graves, ne changera pas la vie des gens en une seule séance et ne rendra personne meilleur définitivement en seulement trente minutes !

Parmi les 84 000 enseignements du Bouddha, aucun n'évoque une façon de « méditer pour arrêter de fumer », « méditer pour maigrir » et encore moins « méditer pour développer sa libido », comme on peut tristement le voir en Occident, à travers toutes sortes de propositions de stages absurdes qui détournent la méditation pour vanter des mérites imaginaires et surtout lucratifs ! Une mise en garde est donc importante et nécessaire afin d'éviter toute approche manipulatrice de ce business méditatif !

La méditation n'est pas un remède à tout, mais plutôt une méthode qui nécessite un entraînement quotidien si l'on veut prétendre à des résultats. Elle peut être préventive dans bien des domaines, mais n'est pas une potion magique et encore moins une recette instantanée.

J'ai pu constater que dans certains pays d'Asie, les enfants apprennent à méditer dès leur plus jeune âge alors qu'ils vivent pourtant une enfance douce et heureuse. À l'inverse, je remarque qu'en Occident, nous attendons de rencontrer des difficultés dans notre vie personnelle ou professionnelle, de ressentir un certain mal-être existentiel et parfois même d'être en dépression ou de faire un burn-out, pour commencer à méditer.

La plupart des personnes que je rencontre me disent : « Je médite parce que » ou « depuis que », mais il est très rare que j'entende : « Je médite, alors que je suis bien dans ma vie ! »

Mais pourquoi attendre de souffrir pour agir ?

De la même manière, pourquoi attendons-nous d'avoir des problèmes de santé pour changer notre régime alimentaire alors que bien souvent nous pourrions tout simplement éviter cela en nous imposant une hygiène de vie saine et pourquoi pas sportive ?

Prendre soin de son corps peut finalement sembler évident pour la majeure partie des gens, mais à quel moment et combien de temps par jour nous occupons-nous du reste ? Ne sommes-nous qu'un corps, qu'un cerveau, qu'un esprit ou au contraire, un précieux « tout » que nous devons choyer de notre mieux, dans son ensemble ?

Contrairement à certaines idées reçues, la méditation n'est pas une technique de relaxation dans laquelle nos pensées ou émotions seront, le temps d'une session, plongées dans un état de conscience somnolente. Tenter de reposer son esprit alors que l'on traverse un tsunami intérieur n'aurait absolument aucun sens et ne réglerait en rien nos problèmes qui resurgiront une fois les yeux rouverts.

Certes, cela peut avoir un effet relaxant ou apaisant sur le court terme, mais cette méditation ne modifiera en rien l'esprit lui-même et encore moins le cerveau, si elle est pratiquée au coup par coup, juste quand ça ne va pas ! Si c'est un effet de détente que nous recherchons, autant aller se faire masser, se prélasser dans un spa ou passer un week-end en thalasso. Les résultats seront garantis et plus rapides qu'en s'asseyant sur un coussin et la sensation d'un massage risque d'être même plus agréable que celle de rester immobile, le dos droit et les jambes croisées !

Pour les plus téméraires et aventuriers du silence, l'effet « relaxant » ou apaisant que l'on peut ressentir après une séance de méditation vient plutôt du soulagement que nous ressentons lorsque nous avons réussi à lâcher prise vis-à-vis de nos espoirs, de nos craintes, de nos peurs, de nos anticipations, de nos interprétations, de notre attachement mais aussi de notre ego qui ne nous laisse que très peu de répit !

C'est pourquoi méditer dans l'urgence ne sert qu'à apaiser notre esprit et nos tensions sur le moment, mais, sans entraînement régulier, c'est aussi vain qu'une séance de sport au mois de janvier dans le but d'obtenir un corps de rêve pour l'été ! Ce n'est pas non plus grâce à un cours de musique dans l'année que nous deviendrons musiciens pour autant !

Contrairement à ce que l'on entend souvent, ce n'est pas une méthode qui permet de vider notre esprit en bloquant nos pensées puisqu'elles sont omniprésentes malgré nous, du matin au soir. Vouloir bloquer les 60 000 pensées que nous avons chaque jour est une cause perdue d'avance ! Et sur ces 60 000 pensées, ne serait-ce qu'espérer éviter les 48 000 pensées négatives serait un objectif inatteignable !

Essayons simplement de ne pas entretenir ces milliers de pensées afin qu'elles n'envahissent pas totalement notre paysage mental.

Quoi de mieux que de les laisser passer à travers notre esprit, tout simplement, comme des nuages qui traverseraient le ciel sans laisser de traces.

Bokar Rimpoché, l'un de mes maîtres tibétains, définissait si simplement la méditation en disant : « Méditer, c'est donner des vacances à son esprit ! »

14 - Être heureux ou faire semblant de l'être ?

Au cours de ma vie, il m'est arrivé de vivre de très grosses frayeurs en Inde et ailleurs, mais j'ai toujours su garder mon sang-froid pour me sortir de ces situations parfois extrêmes.

Les souffrances sont un excellent baromètre qui nous permet d'évaluer nos différentes manières de réagir. Elles sont également un très bon moyen de tester les bienfaits et l'impact de notre méditation face à ces moments-là.

Il semblerait que la vie m'ait entendue en me confrontant finalement à cet AVC et à d'autres difficultés comme le cancer d'une personne que j'aime plus que tout et que j'ai soutenue dans les moments les plus délicats, le suicide d'une autre si chère à mon cœur, des moments de peur intenses qui auraient pu se terminer par des agressions voire des viols…

La vie m'a entendue, mais je ne lui en demandais pas tant !

Alors qu'en retraite je n'avais absolument aucun recul quant à la méditation, c'est finalement au cours de ma vie et de mes expériences que, petit à petit, j'ai compris que certaines attitudes ou réactions ont été plus particulièrement forgées par la méditation. Certes, on se construit tous avec une personnalité qui nous est propre et qui se bâtit en fonction de notre environnement, des croyances familiales qui nous bercent pendant toute notre enfance, des différents points de vue de nos enseignants, de l'influence de notre entourage proche, mais malgré les 80 % de croyances venues des autres, notre personnalité peut réellement se construire de l'intérieur, si toutefois on décide d'y consacrer du temps.

ÊTRE est tellement plus important que FAIRE ! On peut faire semblant d'être heureux mais « être » heureux est tellement plus fort !

- L'une des plus belles leçons de cette retraite a finalement été celle d'APPRENDRE À ÊTRE ! Je ne sais pas faire semblant, je ne sais pas tricher envers moi-même, j'ai appris à m'écouter, à reconnaître mes émotions, à les analyser, à les comprendre, à les canaliser pour les transformer. Être soi aussi bien dans les situations agréables que désagréables, être vulnérable, sensible, authentique, vraie, entière, honnête. Quand on l'est envers soi-même, alors on peut l'être envers les autres. Sans ce travail sur soi, comment peut-on être sincère envers son prochain ? Est-ce que l'on peut conseiller ses semblables quand on ne sait pas s'écouter véritablement ? Comment peut-on prétendre aider autrui quand on ne se connaît pas déjà soi-même ?

Après des études intensives sur l'esprit et surtout leur mise en pratique par la méditation, on pourrait dire que le Lama est comme le superviseur de l'esprit. Le Lama est censé connaître les capacités et le réel potentiel de l'esprit, son pouvoir mais aussi l'impact qu'il a, jusqu'à la compréhension et la gestion des émotions. Cette dimension pourrait s'arrêter au domaine spirituel mais le Lama est là pour les autres. Écouter sans juger, soutenir sans manipuler, transmettre ses connaissances en toute humilité, s'intéresser aux autres pour mieux les comprendre, travailler sur soi pour être en accord avec son corps, sa parole et son esprit... En tant que Lama, il m'est arrivé de célébrer des moments de bonheur, mais aussi de diriger des cérémonies moins joyeuses qui font pourtant partie de la fin de vie.

- L'apprentissage de la satisfaction a été un autre très bel enseignement de cette retraite. À partir du moment où nous prenons conscience que l'esprit est illimité, nous comprenons qu'il sera sans cesse insatisfait. Transformer cette insatisfaction, en quelque sorte, notre lassitude, notre morosité, nos frustrations, en satisfaction, apporte tellement de contentement. Essayez de ne pas vous plaindre ne serait-ce qu'une seule journée ! Cela semble impossible et pourtant, qu'est-ce que cela fait du bien de se contenter de ce que l'on a. Bien sûr je ne parle pas de grandes souffrances, mais quand on grandit dans un pays paisible, que la vie y est douce, que les conditions y sont agréables, que l'on est entouré des bonnes personnes et que l'on a de quoi vivre, à quoi bon se plaindre de la météo, du chauffeur de taxi qui râle, de la baguette trop cuite, de la caissière trop lente ou de la file d'attente trop longue à la poste ? Apprendre la satisfaction est un état d'esprit qui rend patient et heureux dans bien des circonstances. Le bonheur n'est pas une accumulation de choses. Il est véritablement là où l'on souhaite le trouver. Souvent simple, instantané parfois, présent partout, spontané en général. Il concerne tout le monde et ne dépend de personne. À la question : « Comment ça va ? », je me rends compte que je réponds toujours « parfait » ou « impeccable ». Certainement une habitude qui évite que l'on s'apitoie sur mon insatisfaction passagère et sans importance du moment !

- Reconnaître ce qui nous apporte de l'équilibre et ce qui nous procure du bien-être fait aussi partie des enseignements que j'ai reçus. Une fois que nous avons identifié les valeurs qui sont essentielles à notre vie, il suffit de les entretenir. Comment peut-on être en accord avec soi-même si on ne commence pas par respecter nos propres valeurs ? Personnellement, si je devais en choisir trois qui me tiennent à cœur et qui me nourrissent au quotidien, je pourrais dire qu'aucune ne dépend de personne, ni même de circonstance extérieure et que je suis donc seule responsable de mon équilibre, que j'entretiens autant que possible, aussi bien dans ma vie personnelle que professionnelle, à savoir :

La liberté : aussi bien la liberté extérieure que la liberté intérieure, la liberté sur mes états émotionnels.

La créativité : c'est tout ce que j'exprime sans avoir peur du regard des autres, sans jamais craindre les jugements extérieurs.

La sérénité : je pense que tout est plus facile lorsque l'on est serein et la sérénité me rend heureuse.

Ainsi :

Je me sens LIBRE quand je suis créative et sereine...

Je me sens CRÉATIVE quand je suis libre et sereine...

Je me sens SEREINE quand je suis libre et créative...

Ces trois valeurs font entièrement partie de ma vie et sont toutes les trois nourries par la même source : la méditation.

- Se poser ou se « pauser » ? Quelle belle leçon aussi. Alors que nous passons nos journées connectés, voire surconnectés, on n'a finalement jamais été si déconnectés de soi ! Quel triste paradoxe... S'accorder du temps sans culpabiliser, se poser sans se noyer dans les distractions, s'occuper de soi sans prétendre être égoïste pour autant, s'octroyer des moments seuls sans craindre les remarques, se ressourcer dans le silence, regarder un paysage inspirant, se faire plaisir, se faire masser, prendre soin de son corps, écouter de la musique, déguster son plat préféré, faire du sport, câliner ses enfants... Autant de moments qui, vécus consciemment, prennent encore plus de sens et nous procurent des moments de joie intense.

- S'écouter tout simplement ! Vous est-il déjà arrivé de ne pas réussir à prendre une décision, d'hésiter entre deux opportunités qui s'offrent à vous, de vous retrouver perdus entre deux choix qui vous tiraillent ? À ce moment-là, on aura plutôt tendance à demander un avis extérieur qu'à cogiter seul dans son coin. Mais finalement, qui peut mieux que nous-mêmes trouver la meilleure solution pour notre propre intérêt ? Apprendre à s'écouter peut passer par nos sensations corporelles si notre mental n'arrive pas à trancher. Une fois l'esprit apaisé puis nos émotions pacifiées, pensons à la situation précise qui nous demande une certaine réflexion. Soyons attentifs à ce que nous ressentons. D'où vient cette sensation de stress ou d'anxiété qui s'exprime par une douleur physique ? Examinons comment est notre respiration. Rapide, saccadée ou plutôt normale ? Nous sentons-nous oppressés ou tendus ? Avons-nous l'impression d'être obligés de subir une situation en particulier ou peur de quelque chose ? Percevons-nous au contraire une certaine excitation, de la légèreté, de l'enthousiasme, même si l'aventure professionnelle ou personnelle qui nous attend nous est totalement inconnue. Dans bien des situations, à défaut d'entendre une petite voix, notre corps est un bon indicateur auquel on devrait se fier davantage, plus qu'on ne le fait dans notre vie, en général, peut-être par manque de confiance en soi !

- Prendre du recul plutôt que de s'enflammer… Lorsque l'on dit que la méditation nous apprend à voir les choses sous un autre angle, ce serait un peu comme si l'on montait dans une montgolfière pour prendre de la hauteur en s'élevant dans le ciel. De là-haut, contemplons ce rocher qui représente notre problème. Plus on monte et plus le rocher prend finalement l'apparence d'une pierre de plus en plus petite. Le problème reste le même, seul notre regard a changé. Ainsi, nous ne sommes plus nez à nez avec cet amas de difficultés, mais au contraire, on se rend compte qu'avec un peu de recul, notre problème perd de sa prestance. Cette distance instaurée nous donne l'espace nécessaire pour réfléchir et agir différemment, sous un autre angle. Elle nous permet d'examiner la situation dans son ensemble, avant de redescendre avec une solution plus juste, plus adaptée, plus posée, voire avec plusieurs issues possibles.

- « Aimer sans attachement » pourrait être un sujet bien vaste... C'est au cours d'une discussion que j'ai eue avec un grand maître tibétain que je compris la notion d'« aimer sans attachement ». On peut aimer de deux manières différentes : aimer avec l'idée que l'on dépose délicatement l'objet de notre affection, ou l'amour de la personne que l'on aime, sur la paume de notre main ouverte vers le ciel, ou aimer en refermant le poing sur ce même objet. À travers ces deux métaphores, nous aimons ce que nous tenons mais de deux manières différentes. La première façon tend à aimer en toute liberté, avec légèreté, elle nous permet de contempler, d'admirer cet objet, cet amour, mais sans jamais éprouver aucun sentiment de possessivité. À l'inverse, ce poing fermé qui nous oppresse ne pourrait-il pas rendre cet amour possessif et nous donner la sensation d'être prisonniers de cette saisie ? N'est-ce pas une manière de posséder plus que d'aimer ?

Aimer la main ouverte, n'est-ce pas cela finalement l'Amour ?

Mais finalement que veut dire « être heureux » ?

La définition du bonheur ne serait-elle pas tout simplement d'apprendre à être bien en toutes circonstances ?

Rendre les vagues émotionnelles plus douces pour éviter de passer d'un pic de bonheur ascensionnel à un creux dépressif précipité.

Éviter de passer d'une tempête intérieure à un calme absolu...

Éviter de passer du noir au blanc en oubliant d'y mettre des nuances...

Et si la méditation n'était autre qu'une palette de peinture qui nous permettrait d'ajouter un peu de nuances sur les instants de notre vie ?

Nous pourrions alors atténuer les moments obscurs par une touche de blanc pour redonner de l'éclat à notre joie intérieure assombrie… Ajouter du jaune pour rendre encore plus belle cette journée de printemps… Remettre un peu de bleu dans ce ciel gris parisien… Du vert dans un paysage émotionnel désertique… Du rose dans une vie sentimentale un peu chaotique…

Épilogue

Je ne pourrais terminer ce récit sans évoquer la source d'inspiration et la force qui m'animent depuis toujours, que je dois à tous ces grands Lamas venus d'Asie, les plus belles et grandes rencontres spirituelles de ma vie.

Depuis ma naissance en Écosse, jusqu'au monastère en Bourgogne, mais surtout lors de mes nombreux voyages en Inde, au Népal et au Bhoutan, ces grands méditants ont bercé mon enfance et accompagné mon adolescence. Ils enrichissent ma vie d'aujourd'hui et seront présents demain.

Tous ces moments privilégiés que je partage régulièrement à leurs côtés, sans aucun intermédiaire et toujours en tibétain, me remplissent de joie et d'une profonde reconnaissance.

Je me souviens de ces six mois passés à Taïwan, quelques années après ma sortie de retraite, durant lesquels je me suis occupée d'un grand Lama tibétain que j'accompagnais délicatement dans sa maladie. Lors de nos visites à l'hôpital nous parlions souvent de la mort, sans aucun tabou, pendant les longues heures de dialyses qui le maintenaient en vie. Bien que très fragilisé, il restait pourtant très enjoué et extrêmement taquin. Il me confiait souvent son appréhension vis-à-vis de sa mort prochaine, mais préparait son départ en méditant chaque jour pendant des heures.

La nuit, je me levais régulièrement pour aller vérifier qu'il n'était pas parti dans son sommeil mais lorsque je poussais la porte de sa chambre, je le trouvais là, assis sur son lit, en silence, dans le noir, et toujours en méditation…

Quelques semaines après mon retour en France, il demanda à regagner le Bhoutan pour s'éteindre là-bas… Et sans surprise, il partit en méditant.

Un autre moment, certes plus léger, fut celui où je passai quelques jours au Festival de Cannes en 1999, avec Dzongsar Khyentsé Rimpoché, à la fois maître tibétain mais aussi réalisateur. Le film qu'il avait tourné dans un monastère en Inde parlait non pas de bouddhisme mais de football! *La Coupe* avait été sélectionnée à la Quinzaine des réalisateurs et nous nous retrouvions là, sur la Croisette, tous en tenue traditionnelle bordeaux, parmi les robes à paillettes et les smokings noirs. Effet garanti pour ne pas passer inaperçus parmi la plus haute couture internationale réunie!

Quelques mois plus tard, je passais du sud de la France au nord de l'Inde et rejoignais Dzongsar Khyentsé Rimpoché et les trois cents moines de son monastère pour effectuer un pèlerinage sur l'un des sites les plus sacrés, mais aussi le plus pauvre et dangereux du pays. Nous n'avions eu d'autres choix que d'installer notre campement dans la terre poussiéreuse, au milieu de nulle part, à quelques kilomètres du lieu saint. Loin des paillettes de Cannes, nous avions troqué nos lits douillets contre des bottes de paille qui nous servaient, une fois étalées, de matelas inhospitaliers.

45 degrés à l'ombre et pas un arbre à l'horizon. Les moustiques curieux et attirés par nos feux de camp à la tombée de la nuit eurent la bonne idée de m'offrir, avec la plus grande générosité, le paludisme. Un cadeau de bienvenue que j'emporterai pour la vie.

Notre salle de bains commune se résumait à un simple puits qui nous octroyait quelques gouttes d'eau fraîche remontées à l'aide d'un vieux seau que l'on partageait entre nous tous pour un lavage de dents sommaire effectué sur place. Nous nous racontions nos rêves et nos péripéties nocturnes, la bouche encore pleine de dentifrice, attendant notre tour de rinçage ! L'intimité proche de zéro nous faisait rire.

La nuit, de curieux déplacements frôlaient nos toiles de tente, pourtant collées les unes aux autres. Baisser la garde pour s'assoupir profondément, alors que nous étions encerclés par plusieurs milliers de mendiants qui attendaient notre réveil dans un silence pesant, m'était difficile.

Vers 5 heures du matin, ils s'éloignaient au loin pour se mettre en rang et attendaient notre arrivée avec impatience, se bousculant parfois pour être sûrs d'être en début de file. Quelques heures plus tard, nous passions devant chacun d'entre eux pour leur distribuer les quelques roupies indispensables à leur survie et parcourions les quelques kilomètres de mains tendues à un rythme soutenu. Jamais un mot, juste des sourires, des regards, des hochements de tête, des mains jointes… La scène était digne d'un film de Bollywood tant par les contrastes que par l'intensité de nos échanges pourtant furtifs.

Tous ces instants improbables et ces situations surréalistes pourraient remplir encore bien des pages !

Après avoir grandi auprès des plus grands maîtres du bouddhisme tibétain dont la plupart ont passé près de vingt ans en méditation, recevoir encore aujourd'hui leurs enseignements et transmissions renforce mon inspiration et consolide ma détermination. Portée par toutes ces rencontres inspirantes et surprenantes, tant inoubliables qu'inégalables, si je ne devais avoir qu'une seule certitude, ce serait celle que la méditation m'accompagnera tout au long de ma vie.

Et s'il y a bien un rendez-vous que je ne raterais pour rien au monde, c'est celui que j'ai, chaque jour, avec moi-même, cette pause quotidienne qui est un peu comme l'oxygène de mon esprit et que je n'ai jamais interrompue depuis ma sortie de retraite et ce, malgré les différentes circonstances, agréables ou difficiles de la vie.

Ainsi, quelles que soient mes responsabilités, je m'accorde cette précieuse parenthèse à différents moments de la journée, en fonction de chaque événement… Le soir après l'enregistrement d'une émission, un matin avant de prendre un vol, en pleine nuit en remontant de la salle d'accouchement, au petit matin quand je rentre d'un long voyage, en journée quand je suis seule, à côté de ma fille qui s'endort ou devant un coucher de soleil en vacances.

Ne pas avoir eu à attendre de souffrir pour apprendre à méditer m'a permis d'ancrer au plus profond de moi cette vision positive et optimiste que j'ai de la vie, une attitude et des habitudes qui rendent les angles de certains moments pénibles plus arrondis, plus doux ! Cet état d'esprit m'apprend à mettre de la bienveillance là où il en manque, de l'enthousiasme dans les instants de désespoir, de la douceur quand la vie est cruelle, des silences dans les moments de tempête et de l'humanité dans ce monde parfois un peu trop égoïste…

Et maintenant ? J'ai des projets plein la tête, certains à la télé, d'autres à la radio, des émissions, des films, des documentaires… Mais cette fois-ci, qui me seront plus personnels et pour lesquels j'aimerais mettre en lumière ceux qui m'ont tant inspirée. Transmettre, à travers mon métier, les précieux témoignages et la sagesse des derniers grands maîtres tibétains serait ma façon de leur adresser ma reconnaissance.

L'envie de méditer avec les enfants hospitalisés ne me quitte pas, même si les services spécialisés ne sont pas encore prêts à accueillir la méditation comme un accompagnement possible. Apporter un peu de réconfort à ces petits malades serait pourtant, pour moi, une démarche qui pourrait contribuer à leur mieux-être.

Faire découvrir la méditation d'une manière totalement laïque dans les écoles et auprès d'adolescents parfois un peu démotivés me tient vraiment à cœur pour le bonheur et l'intérêt de nos petits.

Ajouter au sein des entreprises : bienveillance, humanité, pauses et valeurs humaines, pourrait être une manière de manager différemment. La course après le temps et la rentabilité pourraient alors être vécues sous un autre angle par des salariés enthousiastes, sereins et pourquoi pas plus heureux !

Un objectif certes un peu ambitieux, mais néanmoins présent dans mon esprit, serait de retourner de l'autre côté du mur pour transmettre, cette fois-ci, la méditation dans le milieu carcéral.

Et enfin, l'un des rêves les plus fous serait de partager mon univers « méditatif » au monde des médias. Faire découvrir la méditation à tous ces artistes, animateurs, producteurs, patrons de chaînes, comédiens, chanteurs avec qui je travaille depuis plus de vingt ans leur ferait TELLEMENT de bien ! À bon entendeur…

Et après ?

Écrire encore…

Partager avec générosité…

Transmettre avec la plus grande authenticité…

Mais avant tout ?

Rester une maman aimante et présente !

Alors que j'aperçois de ma fenêtre, un immense arc-en-ciel au-dessus de la Tour Eiffel, c'est ainsi, et en couleurs, que se referme ma parenthèse écrite.

J'ai vécu ces six semaines d'écriture comme une retraite, seule face à moi-même, une retraite presque méditative! 42 jours de décortiages de souvenirs à travers ma plus grande alliée, celle qui ne me fait aucun faux bond et sur qui je peux compter en toutes circonstances: ma mémoire!

L'écriture de ce récit m'a accompagnée le jour, réveillée chaque nuit, m'a arrêtée à tout moment dans la rue pour noter un mot, gribouiller un paysage, enregistrer une phrase, un souvenir, une scène que je ne voulais oublier.

Se raconter n'est pas chose facile lorsque l'on est de nature plutôt discrète, alors…

J'ai écrit, effacé, recommencé, nuancé, gardé, supprimé et parfois même renoncé à des moments précis de vie pour ne heurter personne. Si toutefois, le cœur de certains avait malgré tout été touché, j'en suis profondément désolée.

« Me dévoiler sans me dénuder »,

telle était mon envie pour ce tout premier essai!

Générique de fin

« Maman, Papa,

Je ne vous appelle jamais comme ça… par pudeur, certainement…

Je vous aime !

Ça non plus, je ne vous le dis jamais…

Et pourtant…

Merci de m'avoir donné « votre » accord alors que j'étais si jeune.

Ces trois voyelles ont changé mon destin, j'en suis certaine.

Merci pour cette vie incroyable qui en a découlé…

Et

Merci pour ce prénom que j'adore… »

« Jade, mon Amour,

Tu fais de moi la plus heureuse des mamans et je t'aime d'un amour inconditionnellement infini…

Tu me dis souvent que je suis une maman courageuse, « ta réconfortrice »…

Mais cette force, tu l'as aussi en toi !

Préserve-la, cultive-la, prends-en soin et tu rayonneras ! »

Une spéciale dédicace

À mon frère, dont le courage et la force de caractère ne peuvent que me rendre admirative. Cet instinct protecteur et maternel me vient inévitablement de l'événement particulier qui marqua notre enfance.

Révoltée, je te défendais. Bouleversée, je répondais à tous ces camarades de classe, moqueurs et indélicats, comme peuvent parfois l'être les enfants, sans qu'ils en aient pourtant conscience.

Leurs paroles étaient si cruelles, si dures à entendre…

Mais sais-tu à quel point je suis fière de l'homme que tu es devenu ?

Remerciements

Il est de ces êtres qui vous soutiennent en toutes circonstances, qui sont là, juste là… Ma famille, bien sûr, et mes proches, complices pour toujours. Lors de mes longs silences d'écriture, leur présence parcourait les pages de mon histoire et dansait avec chaque mot. Voyageant partout, m'accompagnant surtout !

Je terminerai donc en citant ces personnes au grand cœur qui m'ont apporté à un moment donné, de près ou de loin, à travers un message, un sourire, une idée, une émotion, des larmes parfois, des rires souvent et de nombreuses questions aussi… leur encouragement sincère et bienveillant :

Olivier Bay, l'homme le plus attentionné qui soit, mon évidence… Matthieu Ricard, l'être exceptionnel qui m'inspire depuis toujours, Marie-Annick Mongelard-Mignot, mon « énergisante et boostante » amie, Arnaud Nazare-Aga, Lama et artiste, mais ami d'enfance avant tout, et Pierre-Henri Fouchier, mon acolyte journaliste aux yeux de lynx.

Antoine Lutz, Véronique Jannot, Elsa Margout et bien sûr ma toute première fée relectrice, Sylvie Parizet… À tous, un immense merci !

Les femmes doivent être davantage impliquées dans nos sociétés, participer à la construction d'un monde plus paisible, plus solidaire et moins violent. Elles ne doivent pas hésiter à revendiquer ouvertement leurs droits afin que leur place dans la société et leur rôle dans la spiritualité soient reconnus. Elles doivent se mobiliser sans attendre que les hommes leur cèdent la place.

Sa Sainteté le Dalaï-Lama

Dépôt légal : juillet 2018 N° imprimeur : 071860998

Imprimé en France par Présence Graphique - Monts.